BEYOND THE UNIVERSITY
Why Liberal Education Matters

超越大学
博雅教育何以重要

【美】
迈克尔·罗斯
（Michael S.Roth）
著

陈凤姣
译

中国社会科学出版社

图字：01-2015-3254

图书在版编目（CIP）数据

超越大学：博雅教育何以重要／（美）迈克尔·罗斯（Michael S. Roth）著；陈凤姣译.—北京：中国社会科学出版社，2017.3（2018.8 重印）

书名原文：Beyond the University：Why Liberal Education Matters

ISBN 978-7-5161-9964-0

Ⅰ.①超… Ⅱ.①迈…②陈… Ⅲ.①高等教育—研究—美国 Ⅳ.①G649.712

中国版本图书馆 CIP 数据核字（2017）第 037969 号

Beyond the University：Why Liberal Education Matters by Michael S. Roth（Copyright notice exactly as in Proprietor's edition）. Published by arrangement with Georges Borchardt, Inc.through Bardon-Chinese Media Agency. Simplified Chinese translation copyright 5 year by China Social Sciences Press.
ALL RIGHTS RESERVED.

出 版 人	赵剑英	
责任编辑	喻　苗	
特约编辑	胡新芳	
责任校对	任晓晓	
责任印制	王　超	

出　　版	中国社会科学出版社	
社　　址	北京鼓楼西大街甲 158 号	
邮　　编	100720	
网　　址	http://www.csspw.cn	
发 行 部	010-84083685	
门 市 部	010-84029450	
经　　销	新华书店及其他书店	

印　　刷	北京明恒达印务有限公司	
装　　订	廊坊市广阳区广增装订厂	
版　　次	2017 年 3 月第 1 版	
印　　次	2018 年 8 月第 2 次印刷	

开　　本	710×1000　1/16	
印　　张	13	
插　　页	2	
字　　数	125 千字	
定　　价	56.00 元	

致　谢

　　大学一年级时，我常常说我很纳闷：为什么有些人的学习目的只是去教别人？读本科时，我发现自己很喜欢阅读和科研，如果以后不能继续深造，我的未来是无法想象的。因此，毕业后我的第一选择是继续受教育。幸运的是，我的本科学校卫斯理安大学（Wesleyan University）虽然规模不大，课程密集，却很开放很自由；后来我又幸运地到普林斯顿大学（Princeton University）读了研究生。这两所大学都注重培养探索的文化氛围，老师们都支持我按照自己的兴趣去学习。但我还是怀疑自己是否应该学习哲学、历史学或心理学（为了攻读历史学博士学位，我拒绝了一份精神病院的工作）。总的来说，老师们都劝我不用担心应该如何确定自己的所属领域，在我做研究项目期间他们允许我只上自己感兴趣的课。他们都很坚定地认为我必须继续深造。最后，我决定以人们对历史的理解方式作为研究方向，并顺利拿到史学博士学位。但我的第一本专著关于精神分析学（以我在卫斯理安大学的毕业论文为基础），我的博士论文研究的是哲学史，最后我成了一个人文历史学教授，之后到盖提艺术历史研究所（Getty Research Institute for Historical Art）做项目研究（兼做一些管理类事务）。在回到卫斯理安大学出任校长之前，我一直在加利福尼亚艺术学院（California College of the Arts）当院长。过去，我无须考虑太多就做出了正确的决定，现在也是，这种状态真的很好。

在卫斯理安大学和普林斯顿大学，我碰到了一些才华横溢的老师，引领我，鼓舞我，必要的时候还指正我。我爱我的老师，却从没想过有朝一日自己也会爱上教书。以前，当我得到主持研究所讨论会的机会，我会兴奋得简直要晕了过去。"真是没想到，居然还有报酬！"我总是会惊叫起来，我的反应让其他助教很郁闷，他们说事实上这点报酬根本算不了什么。但我认为和学生一起研究和讨论自己感兴趣的话题真的是人生一大乐事。

在斯克里普斯学院（Scripps College）、克莱蒙研究大学（Claremont Graduate University）和加利福尼亚艺术学院，我碰到的学生都很优秀。如今回到卫斯理安大学，学生们也很优秀！2013年我教过一门网络课程，一开始真的令人抓狂，到最后却充满成就感。免费在线大学公开课程（Coursera）与我曾经工作过的那些小研究所开设的课程有所不同，但他们在课程报告上表现出来的学习能量和自我转变能力很是激励人，让我很欣慰。

作为教师，我希望学生能在我们一起阅读的那些书里感受到关注语言、结构及言外之意所带来的快乐，因此，无论是在教室还是在网络课堂上，很多时候我都会引用这些书中的文字。本书中引用就更多了。我相信，读者能够在丰富而又多样化的美国博雅教育传统中对那些令人信服的观点有所了解，会有一些人重新研究这个传统，并以此为乐。

谨把此书献给我的老师和学生，他们让我三十多年来一直在坚持我的教育事业。

最近几年，我曾有多次机会与不同观众分享我在这本书中所表达的一些观点。感谢邀请我去做博雅教育演讲的那些大学，感谢那些发表了我的一些研究成果的出版物 [《高等教育纪事报》（*Chronicle of Higher Education*）、《赫芬顿邮报》（*Huffington Post*）、《高等教育内幕》（*Inside Higher Ed*）、《洛杉矶时报》（*Los Angels Times*）、《纽约时报》（*New York Times*）、《华尔街日报》（*Wall Street Journal*）和《华盛顿邮报》（*Washington Post*）]。感谢我在卫斯理安大学的董事会成员、教师同仁和行政下属，他们都听我讲过本书所讨论的一些问题，并做出了热烈的回应。对他们的耐心、见解和付出，我深表感谢。

感谢艾丽娜·史密斯（Illeene Smith），她是个很有才华的编辑，最初和她讨论这个项目时，任职于耶鲁大学出版社，给我提出了不少建议。在她的引见下我认识了我现在的经纪人乔治·博哈特（Georges Borchardt）。乔治的反应总是冷静而又睿智，使该书的写作从来不曾偏离主题。感谢史蒂芬·沃瑟曼（Steven Wasserman），多年前他在《洛杉矶时报》书评部工作时就分配我各种任务（也提供了很多建议），后来他到耶鲁担任编辑，见证了这本书的成长历程，非常感谢他给我提出了一些建设性意见。

感谢查尔斯·萨拉斯（Charles Salas），多年来，他为我的这本书付出了不少时间和精力，一直帮我通读，使行文更加清晰易懂，降低出错率。虽然书中肯定还有不少地方有待进一步斟酌，但我还是要在这里先向他表达我深深的谢意。

最后，感谢我的妻子卡莉·维尔（Kari Weil）。她也是我的同事，在我写这本书时，她也忙着写自己的东西（文章、讲义和学生评语），却不得不忍受我不停地对她述说我的各种看法，以前是关于精神分析、历史、摄影、手工艺、电影哲学，现在是关于教育学。她一直陪在我的身边。她思维敏锐，富有批判性，更是性格温和，善解人意。我何其幸运，能同时感受到她这两大品质的魅力。毫不夸张地说，没有她，我永远也不可能超越大学校园。

目　录

引　言

　　大约 40 年前，我到卫斯理安大学念书，当时对"博雅教育"（liberal education）的概念还很模糊。和我的祖父一样，父亲是个皮货商；母亲婚前是个乐队歌手。对他们来说，大学校园有时和外国没什么两样。但是，让孩子读大学却是他们美国梦的一部分。当年，他们亲自开车送我来这所大学，如今我已经成为这里的校长。当年，我开始接触并学习哲学入门和变态心理学等课程。和我的学生时代相比，如今高等教育领域已经发生了巨大的变化。在如今的名牌大学里，很多大学生的表现让人觉得他们对自己的定位是消费者，刚进大学就对未来的 8 个学期有了具体的要求和详细的计划。很多人选择双学位，考取他们认为符合用人单位期望的各种证书，以此充实简历。他们的父母总是再三确认学校设施是否足够舒适，是否足够先进，以确保学生在那里培养出来的专项技能对得起他们付给私立学校的昂贵学费——对他们而言，这简直就是一笔巨额的投入。在大型公立学校，政府资助越来越少，于是学校扩招，学生越来越多，教职员工收入水平偏低，而且很多人只是兼职教书，人们对本科教育质量越来越悲观。学生根本就还没做好上大学的准备就匆匆踏进了大学校园，于是教授们陷入了困境，一方面要符合课程标准，一方面要考虑到学生的阅读和数学能力尚未合格而调整教学，左右为难。很多学生上了一两年大学就辍学，而留下的学生也通常难以顺利完成学业拿到学位，因为能上必修课的人数是有限制的。

鉴于这个情况，践行为终身学习打基础的广博教育似乎过于理想化，是不可能实现的。最近，提及"大学教育"一词，人们想到更多的不是"自由学习"，而是"债台高筑"。家长们希望自己在孩子身上的教育投资能有立竿见影的回报；另外，由于就业机会骤然减少，大学生通常会迫不及待地走上一条笔直却狭窄的道路，以为这是能帮他们找到理想工作的捷径。广博而自由的文科教育为学生探求自我和探索世界提供了良机，但越来越多的人认为这种教育是有权人的奢侈品，在一个竞争极其激烈的世界里一般人几乎很难消费得起。

广博的情境教育有助于形成终身学习的习惯，但有些人要求践行有明确针对性的职业本科教育。《超越大学》指出这种要求是大错特错的，忽略了美国人文教育的传统，而这个传统正是使这个国家获得成功的必要因素，已经让几代学生提升塑造自我、重塑世界的能力，并充实了他们的生活。自从美国建立以来，这个国家的教育思想就与个人自由以及对未来的期望紧密地结合在一起，主张人们在追求自身利益的同时要激发自身的创造潜力，为社会做贡献。基于这个传统，20世纪的美国实用主义者提出体验式和探究式教育观，帮助人们摆脱偏狭的功利主义，同时享受个人生活和公民生活。对鼓励创新的文化和以创新为动力的经济来说，践行全面的、自我反思的实用教育至关重要，过去是，现在是，将来也是。当然，对一个向往民主的社会来说，这也是不可或缺的。

　　当然，博雅教育并非美国独有。这个概念的源头可回溯到古代，到了中世纪则发展成后来得以长期存在的各种教育模式。在可追溯到古希腊时期的西方传统中，"自由的教育"（liberal education）应该是让人感到自由的（liberating），主张学生有学习的自由（freedom），目的是通过理解知识获得精神自由。中世纪重视七艺教育（语法、逻辑、修辞、算术、几何、音乐和天文学），这七艺在由哲学/神学或修辞学／演讲术设定的框架内得以具体描述。虽然当今教育总是强调关于探究的诸多哲学思想的传统（比如苏格拉底的问答法），但是，几百年来，教育已被定义为对伟大文化成就的深层次欣赏。这是一个修辞学传统，我们被引导着接触这个传统，通过阅读不朽的经典作品（而不是通过致力于从哲学角度追求真理）培育美德。有些最近代的博雅教育评论家强调哲学传统和修辞学传统在美国教育环境中很难共存，尤其是在与人文教育有关的环境中。① 哲学的线索是怀疑论的，强调探究和批判性思维。修辞学的线索是虔敬的，强调把新成员引入到共同文化中。这两条主线以各种形式相互交织，形成有助于培养"全人（whole person）"的教育模式。"全人"一词在是当代中国人讨论自由教育时经常使用的表述。② 至少自 18 世纪启蒙运动以来，这些教育模式发生了重大变革，导致这种变革的不仅仅是科学给神学或古典学带来的挑战。探究和批判取代宗教和关于古语言的知识，成为 19 世纪晚期从德国传播到美国的现代研究型大学的特征。虽然虔敬的修辞学传统一直延续了下来，尤其是在本科阶段的核心课程中，但这种研究型大学的范例对高等教育中的做法至今还有很大的影响。

"博雅教育"这一术语贯穿本书，指的是将一个人如何作为"全人"进行学习的哲学传统和修辞传统结合起来的教育。在当代高等教育中，哲学传统使探究和批判性思维深受重视——通过摆脱幻想发展成为一个自立的人，通过

---

① Bruce Kimball, *Orators and Philosophers: A History of the Idea of Higher Education* (New York: Teachers College Press, 1986); *The Condition of American Liberal Education: Pragmatism and a Changing Tradition*, ed. Robert Orrill (New York: College Board, 1995); Francis Oakley, *Community of Learning: The American College and the Liberal Arts Tradition* (New York: Oxford University Press, 1992); W. B. Carnochan, *The Battleground of the Curriculum: Liberal Education and the American Experience* (Stanford: Stanford University Press, 1993); and Geoffrey Galt Harpham, *The Humanities and the Dream of America* (Chicago: University of Chicago Press, 2011).

② 在中国和新加坡，人们对博雅教育的兴趣越来越浓；在朝鲜，人们对一味强调标准化考试的机械学习政策表示强烈的反对，而对孔子的全人教育观念有所研究。参见如杜维明和舒衡哲有关中国启蒙运动思想的作品。也可参见 Daniel Bell's *China's New Confucianism.: Politics and Everyday Life* (Princeton: Princeton University Press, 2010), chap. 7; Stephen Angle, *Sagehood: The Contemporary Significance of Neo-Confucian Philosophy* (Oxford: Oxford University Press, 2012), part 3.

研究获取知识。但是，批判精神只是全面教育（a well-
rounded education）的一个方面，不能过分强调，否则不但
不可能激发创造力，反而会导致思想贫瘠。践行博雅教育
的现代大学也要仰赖修辞学传统，因为修辞学传统逐渐构
筑起能使学生学会欣赏或参与到具有重要文化意义的传统
中去的框架。这种框架有助于学生理解人与人之间的联系，
以及人类和宗教、艺术、文学、科学和音乐（仅举几个具
有重要文化意义的方面为例）的经典著作之间的联系。博
雅教育与哲学及修辞学交织在一起，使我们学会怎么学，
继而在生活中全方位参与探究、参与文化，因为学习已经
成为建构自我的一部分。①

　　本书回顾梳理了美国历史上的一些思想家，其教育思
想至今仍然激励着我们。虽然讨论焦点是美国，但从中形
成的观点对世界各地的教育讨论都很重要——从民主运动
和反殖民主义运动，直到最近致力于培养创造力和开拓精
神的种种尝试。首先讲讲托马斯·杰斐逊（Thomas Jeffer-
son）。他认为教育是成为公民的必要准备，是反对滥用财
富、滥用特权的重要武器。他写道："宣传发起扫文盲运
动，建立和完善民众教育法。"② 他认为，一个共和国能否
得以健康发展取决于公民的受教育程度。创立弗吉尼亚大
学（University of Virginia）时，他十分强调教职工和学生应

---

① Michael Roth, "Beyond Critical Thinking," in *Memory, Trauma and History: Essays on Living with the Past* (New York: Columbia University Press, 2011), 234-38.

② Thomas Jefferson to George Wythe, . 1786, in *The Writings of Tomas Jefferson*, ed. Andrew Lipscomb and Albert Bergh (Washington, . C.: 1903-4), 5: 396.

该享有自由。他说，和哈佛大学（Harvard University）以及很多模仿哈佛的大学不同，弗吉尼亚大学不会专门开设特定课程指导大学生选择所谓的"命中注定的特定职业"①。关于教育对个人和社会的意义，杰斐逊的视野更为开阔；不管职业教育的呼声多么高涨，他的观点在我们对大学生活的看法中至今仍然有所体现。

　　杰斐逊知道，作为受过良好教育的公民，我们能够更好地意识到并缩短彼此之间的距离——从陌生到有归属感。我们逐渐认识到：一开始让你觉得陌生的人和思想可能的确能让我们得到很多教益。威廉·詹姆斯（William James）后来认为这种"克服盲目性"和时刻考虑他人处境的"整体内在意义"是教育的重要范畴，能引领我们走出自身的舒适地带。拉尔夫·沃尔多·爱默生（Ralph Waldo Emerson）说到，博雅教育应该提高我们"激活"周围世界各个方面（自然、文化、事业各个方面）的能力，而不是一味地批评和抱怨。爱默生写道：大学"可以发挥更大的作用，只要它们的目标不仅仅是基础训练，而且要鼓励创造；只要它们用天下英才的智慧之光点燃莘莘学子年轻的心灵之火"②。博雅教育教导我们要使自己善于接受"天下英才"的新思想，并激发自己和别人的想象力。简·亚当斯强调：利用教育提升移情能力和富有同情的想象力，会带来很多

---

① Thomas Jefferson to George Ticknor, July 16, 1823, in *The Writings of Tomas Jefferson*, ed. Andrew Lipscomb and Albert Bergh（Washington, . C.: 1903-4）, 15: 455.

② Ralph Waldo Emerson, "The American Scholar," in *The Essential Writings of Ralph Waldo Emerson*（New York: Modern Library, 2000）, 51.

挑战，也会带来很多机遇。最理想的状态是，教育不仅拓展人们发现可能性的能力，而且鼓励人们超越自我，跨越原本不敢跨越的界限，从而更好地欣赏世界。教育必须引领我们超越这些界限。博雅教育能拓宽我们的知识面，给我们创造一个让我们觉得充满希望的环境，使我们对未来充满信心。正如杜威（John Dewey）所言，去发现"一个人适合做的事情，得到做的机会，是开启幸福之门的钥匙。"博雅教育不是一开始就预设学生必须做什么，而是帮他们去发现，去得到那些机会。

200多年来，杰斐逊所描述的"要致力于自由学习（liberal learning）"这一观点一直遭到抨击，被认为具有潜在的精英主义思想，没什么相关性。然而，它也备受几代师生推崇，很多优秀的高中毕业生还是会竞相报考那些名牌大学，以期接受这种教育。最近几年，评论家们又开始怀疑我们是否有必要鼓励那么多人去参与这个发现过程，尽管他们自己接受的教育通常也是博雅教育。最近有经济学家质疑：人们在承受购房压力的情况下是否还有必要花那么多的时间和金钱去了解世界、了解自己？到底是否值得？比如邮递员。社会学家也开始疑惑：如果我们让更多的人接受大学教育，是不是因为对劳动力之创造产生了一些不合适的期望？其实这些员工在实际工作中并不需要时不时地进行独立判断和运用批判性思维。许多人抱怨博雅教育的成本太高，与现实世界脱节，抱怨博雅教育是精英教育，总是力求政治正确性。有专家写道："政客们口口声声说要让博雅教育更有效，但我们必须使它具有更大的相关性。"近几年出现各种抱怨的声音，这与杰斐逊当年描述弗吉尼亚大学计划时所遭受的指责并无二致；和我父母决定让他们的孩子上大学时所听到的抱怨声也相差无几。在一个被经济野心和焦虑情绪主导的国度里，博雅教育动辄遭到这样的指责；如今人们对未来更是感到希望渺茫，批评声就来得更猛烈了。如果我们认为高等教育只是让学生进行我们都很熟识的岗位培训，自由学习就没多大意义。但是，如果把高等教育看作是智力挑战和经验探索（而不是不合理地指定学生应该掌握某种技能），如果高等教育鼓励自由探索的精神（而不是针对学生"注定要从事"的具体职业而进行的培训），那么我们就必须反对主张限制或减少博雅教育范围的要求。

《超越大学》一书共有四章：第一章介绍美国自建国以来实行博雅教育的坚定决心。杰斐逊认为这个年轻的共和国必须实行广博的教育；非裔美国作家戴维·沃克（David Walker）和弗雷德里克·道格拉斯（Frederick Douglass）指出这种教育带有虚伪性，只限于白人。19世纪中期，爱默生坚决主张培养学生为自由服务的"嫌恶性思维"能力。19世纪末20世纪初，美国研究型大学走向成熟。第二章讨论在这种背景下爱默生实用主义哲学观的进一步延伸。这一章所讨论的主要人物是W. E. B. 杜波依斯（W. E. B. Du Bois）、简·亚当斯（Jane Addams）和威廉·詹姆斯。杜波依斯拒绝布克·华盛顿（Booker T. Washington）的妥协式职业教育论，主张通过自由学习培养批判能力。他对布克·华盛顿持批判的态度，强调教育和自由之间的关系，尤其是对被压迫者而言。第三章打破时间流，讨论博雅教育所引发的争论，从本杰明·富兰克林对哈佛大学虚伪做派的讽刺，一直谈到当代人关于大学教育是否"真的值得"的忧思。在美国，博雅教育理念一直颇受争议，这些争议通常围绕如何平衡现实需求与人文探究之间的关系展开。西奥多·罗斯福（Theodore Roosevelt）主张大学应该向学生灌输善良、严谨和朴实等美德，而非一味地向他们传授智力技能。其实，早在一百年前就已经有人呼吁哈佛大学应该对学生进行农艺指导与培训。如今，查尔斯·莫里（Charles Murray）和理查德·维德（Richard Vedder）等社会科学家对此做出回应，质疑用以解释高等教育运行的经济学理论基础。莫里和维德等人希望如今的高等教育能够培养出与当年比较优秀的农民相当的人。我们将在第三章发现关于博雅学习的矛盾心理（如果不是完全反对它）始终与我们的教育探索交织在一起。最后，第四章将再次讲述实用主义以及实用主义所主张的通过持续探究进行终身学习的观点。约翰·杜威和理查德·罗蒂（Richard Rorty）之所以投身博雅教育事业，完全是因为它非常适合与探索、创新和自我发现相联系的实用主义风气。实用主义者拒绝把教育看作是狭隘的培训，而是相信有一种很有实用性的教育，但要激发这种实用性所蕴含的能量，必须通过一种广博而灵活的教育。

　　本书的观点是：如今，广博的、强调自我批判的但非常务实的教育比以往任何时候都更重要，其影响范围远远超出校园。教育实用论的呼声越来越高，甚至连政府监管部门、工商部门和大学内部都发出这样的呼声，对博雅教育造成了严重威胁。身处这么一个日新月异（技术急剧变化、信息传播迅速）的时代，我们更不应该放弃教育的人文信仰，不能进行以快速提供功利性结果为目标的、狭隘的技术型教学。这样的结果不能代替探究、批判和体验，有体验才能提高学生的鉴赏能力、对周围世界的理解力以及创造性回应世界的能力。如果要让学生通过接受教育产生变化，而不是想让学生成为教育的受害者，最好的做法就是让他们接受自省务实的博雅教育。

　　我们不难发现，近几年美国的高等教育界发生了很大的变化，有些变化甚至是颠覆性的。技术使成本锐减，使更多人有机会领略名师风采。过去几年，在关于高等教育的未来的讨论中，"慕课"（MOOC，即"大规模在线公开课"）一直是大家的关注热点。对于那些想看到大学从严格意义上说变得更加功利的人来说，这样的课能让学生快速获得市场所需的技能证书。而对那些原本就担心大学会进一步商业化的人来说，在线公开课技术会进一步恶化高等教育的异化问题和去人性化问题。一开始我对此表示怀疑，后来我意识到我们可以利用这个平台加强博雅教育，也可以用来做培训。具体技术本身并不能进行自由学习，也不会威胁到自由学习，但那些想要拓展其适用面的人必须尝试新技术。正因如此，我决定把比较传统的人文学科课程——"现代和后现代"——搬上"慕课"这一免费大型公开在线课程平台，为此我从六个不同系部招募教授，与我一起开设网络本科课程。

如果说"现代和后现代"这门课不适合用"慕课"形式上课，那我同样也不适合教书。作为大学校长，我其实没太多时间如我所愿地投入教学，再加上还有很多未知变量，因此，对于我承担这样一个额外任务这件事，在我的管理团队中，很多人都觉得我有些不知天高地厚了。事实上，还有人说我简直就是个疯子。再则，我其实对之前接触过的网络公开课并不狂热。在我看来，任何通过讲座、测验和同伴评分的论文进行的在线学习体验与我在寄宿制学院或寄宿制大学的学习存在着天壤之别。

不过，有一点让我很感兴趣：能和来自世界各地的、有志于好好学习的人分享我的课程。这的确是超越了大学校园。当然，我不是在寻找替代校园体验的方法，但我愿意去拓宽我的思路，去思考关于校园体验的问题。学生如何通过事先录制好的讲座进行学习？如果让学生相互评分，我怎么知道他们正在学习？是否真的会有很多学生想选择以文学、历史学和哲学为主要授课内容的人文课？在真实的课堂里，我可以即时地收到学生的反馈，而在线上没了这种及时反馈，我是否还能进行有效教学？在线教学形式将对我在校园内的教学方式以及卫斯理安大学以后几十年的教学方式产生什么影响？

　　让我惊讶的是，注册人数将近 3 万人次。太出乎我的意料了。其实我已经习惯了面对教室里一张张神情热切的脸，彼此通常都很享受一起学习时的陪伴。30000 个我看不见的陌生人？！一想到这，我简直吓蒙了。我在校园课堂里的"讲座"几乎完全是即兴的，讲课时会从布置的阅读材料中选取很多引语，并让学生回答问题。很多时候我会说到我自己做过的一些蠢事，在教室里我们通常能有办法继续上课。然而，如果我在网络课堂里拿弗洛伊德开玩笑，在网络上就会像病毒一样传播开来，从此成为我的"墓志铭"。

　　第一天，"现代和后现代"课程的网站上安静得出奇。最后，技术支持人员发现原来是我们忘记敲击一个类似于"应用"的按钮。我记得，当时我们的工作人员敲击那个按键时，我正接我上高中的女儿回家。晚饭后我去检查站点，让我惊讶的是，活动级别很高。他们已经根据语言和地域组成很多学习小组。有西班牙和葡萄牙的小组，有在保加利亚、俄罗斯和波士顿、印度形成的学习单位。有人在到处打听，感觉都快哭了："有缅因州的人吗？"（结果发现那里有很多 Coursera 学员在一起听课）

　　地域多样性仅仅是个开始。有些学员决定为年长的同学建立一个讨论区，于是有很多退休教师参与了进来。居然还有三对夫妇报了这门课——这六人都有博士学位——并决定写信给我，就我对"现代"这一表述所做的定义进行提问。还有一些有全职工作的学员努力研读卢梭与马克思的文献，却希望这两人能"谈点儿正事"。一名在荷兰的研究生给那些想要多读书的人提供了一大张二次文献清单，真的是太奇妙了。在这些人当中，有想上大学的高中生，有下班回家后还想讨论讨论诗歌的年纪大一点的人，更有抱着一腔激情想继续学习的、来自世界各地的人。

　　大约一个月后，我们组织了一次"谷歌环聊"（Google Hangout），随机抽中几个学生来参加关于阅读和讲座的自由讨论。我们都给这个长达一个小时的会议做了录音，以期和其他学员共享。参加"谷歌环聊"的人分别来自加尔各答、圣保罗、法国西南部和……罗德岛。来自印度的第一个问题是关于19世纪法国诗人夏尔·波德莱尔（Charles Baudelaire）的。我们谈到了他的"弗兰纳里（flaneur）"——现代城市中的快乐流浪汉——这一概念。这位印度学员想知道我是如何把这一概念和波德莱尔关于强大的艺术创作可以激活我们的感官这一大家都很感兴趣的观点联系起来的。来自巴西的一个学员说本周阅读的是拉尔夫·沃尔多·爱默生和路德维·维特根斯坦（Ludwig Wittgenstein）的作品，这些读物简直"令人震惊"，她提的问题是：他们关于回忆的观点与我们之前读过的其他作者的观点有什么联系？

　　这个长达一小时的激烈讨论并不是"大规模"对话；这是技术介导下的讨论会，会有其他成千上万的学生关注这次聊天，很多人将以不同形式继续对话，包括咖啡馆内的面对面交谈、网上聊天室中的虚拟会面。他们很想感受一下智力刺激，很想参与文化。他们迫切地想去学习如何学习——体验伟大的文学作品与哲学作品，以期进一步促进探索。总而言之，他们渴望在结束大学生涯之后还能继续自由学习。

很多人都写到"慕课"的退学率非常高。在卫斯理安大学，我们希望（几乎）所有学生能按时完成课程学习，大多数"慕课"课程的退学率已经超过90%。但是，说有人"没能完成"自由而开放的在线课程就像说某人在她收到《纽约客》的那一星期里"没有从头到尾全部读完它"一样。很多人选修某一门课或订阅某一本杂志并不是为了"完成"，其中有一半人很可能甚至在一开始就没有积极地学习这门课，而其他人虽然会从头学到尾，但并不是为了在学完这门课后获得一个分数和一本证书（虽然也的确有一些人想要这些东西）。如果我们想要更好地了解这个世界及其历史，其实有很多切入点。我们必须注意到学生对"慕课"的使用方式不同于对教室的使用，而不能就此断言在线世界没法模拟"真实的"教室。我想明年我在校园里授课时将和本科学生分享自己所了解到的网络教学的好处：并不是仅仅把录制好的讲课视频作为家庭作业布置给学员，而是把关于那些伟大思想家说过的事物以及我讲过的事物的种种观点整合起来——那些观点来自世界各地的各种各样的很多人，多得让你无法想象。

在"现代和后现代"这门课的论坛上有很多讨论帖，要多少有多少。有的讨论教学（我很高兴，他们对这些讲座都很有兴趣），有的讨论评分方式（很多人都对同伴互评的评价方式颇有微词），也有的人为我们的学习补充了一些材料，有诗歌，有学术论文，也有漫画。有个学员说他很享受这门课，因为他平时忙于照顾残疾的父母，这门课让他有了喘息的机会。这在几个有着相似遭遇的人当中激起了共鸣，引发了讨论。有些人说这样一来就失去了身处大学校园的激动心情，更多人则说这是一个前所未有的机会。虽然卫斯理安大学拥有"多样性大学"的标签，但我们是具有高度选择性的，只招收小部分很优秀的报考者。通过我的"慕课"，我对它的差异性和包容性有了非常深刻的印象，这是我在校园里从未有过的感受。

有人发帖问："为什么上这个课的人会觉得还有必要继续学习？"一个来自新加坡的学员回复说我们的课"能点燃学习的热情"；一个瑞士研究生与他的"妈妈"一起入学，以便能一起讨论学习内容。后来那位妈妈退课了，但那个儿子说他觉得这段网络情谊提醒他上大学的初衷。不知什么缘故，他对他在苏黎世参加的那些研究生研讨会很失望。一名南印度的学生讲述了他完成正规学校教育后几十年的生活，说："学习让我觉得我还活着。"一位没有透露生源信息的学员只是写道："波德莱尔一直吸引着我。我爱在生活的美与丑中生活着，感受着，参与其中。我在城里散步或骑自行车，喜欢随身带《巴黎的忧郁》（*Paris Spleen*）。"

结果是，对于这些大规模公开课，其"大规模性"

（massiveness）是最不让人感兴趣的。我的学员没觉得他们像个整体（mass）；使学员以及我的"慕课"体验变得富有活力的其实是他们之间的差异性，以及通过社交网络把这些差异性联系起来的方式。当然，像书籍、讲座、电影和录音一样，"慕课"也可以为更功利的目的服务，但我觉得，如果什么也没教给学生，这必然和博雅教育的目标背道而驰。与此相反，"慕课"技术反映了世界各地的很多人对"为了学习而学习"抱有浓厚的兴趣，这种兴趣能丰富他们的文化经验，能把有着共同的热忱与好奇心的人联系起来。我的这门"读好书"课程的目的，就是将探究和文化参与这两个错综复杂的传统结合起来。我想培养学生的批判性思维，同时使他们对哲学、历史学和文学领域内的伟大成就产生敬畏之心。至少，我希望他们能理解为什么这些文本能激发人们去学习，能让人们充满敬畏之情。然后，我想说我的目标是为博雅教育做贡献 —— 在面对面教育中是如此，在网络教育中亦是如此。自由学习对网络课程学员和在校学生都很重要：可以引领他们与周围世界进行更有深度的对话，帮他们发现自我。

《超越大学》一书的讨论焦点不是在线学习，也不是要提供改变高等教育成本曲线的方法。这些话题已经引起很多讨论，的确值得探讨，但本书不想参与到当今社会上掀起的关于教育技术和教育成本的讨论大潮中，而是认为如果一味追求更有效更实际的大学教育，结果可能会适得其反：人们只是为了昨天的问题和昨天的工作接受培训，并不会反思自己的生活方式，去挖掘自己的创新能力以及从经验中寻找意义的能力。纵观美国历史，提倡实用性其实就是提倡顺从——提倡传统思维。如果我们现在还去响应这些号召，结果只能是导致贫瘠的经济生活、文化生活和个人生活。

　　用罗蒂的话说，任何一所重视博雅教育的大学，其使命都应该是"煽动怀疑，激发想象力，从而挑战当下普遍认同的理念"①。通过怀疑、想象和勤奋学习，学生们"意识到他们可以塑造自我、改造社会"②。博雅教育之所以很重要，是因为我们可以通过挑战普遍认同的理念，与我们的职业生活、个人生活以及政治生活产生联系。对广博的实用性教育的试验和开放式探究有助于我们解放思想、为自己的思想和信仰承担起责任，从而更好地了解自己的渴望和抱负。这本书告诉我们：博雅教育长期以来对美国人都很重要，因为它有助于人们更好地了解世界，为世界做贡献，在告别大学生活之后还能重塑自我。

---

① John Dewey, *Democracy and Education: An Introduction to the Philosophy of Education* (New York: Macmillan, 1916), 360.

② Richard Rorty, "Education as Socialization and as individualization," in *Philosophy and Social Hope* (New York: Penguin, 599), 118.

第一章 心怀世界，改变自我

我们美国人对教育的情感是强烈而又矛盾的。我们都认为教育很有必要，却不清楚如何衡量成功的教育。我们知道教育对经济和文化十分重要，但并不确定到底对孩子能起什么作用。我们努力地学习，正如我们努力地追求自由，但我们又会担心过多的学习就像过度的自由，会成为某种形式的腐败。每周的报纸、杂志和博客上充斥着关于基础教育（K-12）制度功能障碍的报道。有报道称：好学校力求培养能考高分但绝非全面发展的学生，而穷人的学校在面对贫困导致的危险处境时，却得不到任何帮助，反而因为没有地处富人区而受到苛责。

关于高等教育，虽然要面对的问题有所不同，但相关论述也是矛盾重重。那些完成四年制学位（即使它需要五年或六年的时间）的学生通常表示对自己的大学经历还是很满意的。不管上的是大型的公立大学还是小规模的寄宿学院，大部分学生会怀着感激之情回顾让他们的智力和社交能力都得以提高的这一人生阶段。当然，也会对那些年的费用产生疑问。这个投资决定是否真的那么深思熟虑？

从长远来看，大学时光是否很合算？被引用最多的数字都强调：大学文凭通常会使大多数人的工资得到大幅增长。但每个家庭都不由地怀疑他们投资大学教育的决定是否明智，而作为国民，我们仍在纠结一个问题——"这种教育的真正目的是什么？"

当然，成千上万的学生甚至没有机会接受四年制大学教育，还有许多人上的是两年制社区学校，从未获得学位。很多学生得到的是难以偿还的债务、挫败感和对这一制度的失望。他们怀疑自己是否一开始就不应该期望接受大学教育。他们想知道教育为什么重要，尤其在教育不是有效的职业培训的情况下还是重要。

美国当前面临的教育问题并不是什么新鲜事物，但的确亟待解决。这种紧迫性源于我们这个时代，源于这个特殊的经济和社会环境。几十年来，美国一直对其军事和经济霸主地位充满自信，如今一种大难临头的感觉似乎笼罩着美国官方文化，或者我们至少会觉得现在的孩子能拥有的机会可能没有过去那么多了。美国的乐观主义再次受到考验，这在我们的历史上其实是一个周期性状况。

从根本上说，教育依赖于我们产生乐观情绪并找到适当的（合情合理的）方式维系这一情绪的能力。如果我们对未来的信心产生了动摇，无论动摇的原因是我们所不了解的技术，是破坏了就业保障的经济竞争，抑或挑战了认同感的文化形式，我们通常都会将矛头指向教育，认为教育没能使我们做好应对当下困境的准备。自从清教徒最先在新大陆创办学校以来，情况一直如此。

　　然而，我们要开始思考的，不是随清教徒而来的博雅教育，而是自美国建立以来所实行的教育。18 世纪末，我们开展了民主试验，也就在那时出现了关于教育重要性的争论。其中一个重要人物就是《独立宣言》的起草人之一、美国第三任总统——托马斯·杰斐逊。杰斐逊本人有着强烈的学习欲望；他相信，新共和国只有通过教育公民才能在政府暴政和肆虐的无政府状态的危险礁石之间闯出一条生路。杰斐逊深受启蒙运动的影响；对他来说，这意味着相信积累知识能够改善公众生活和个人生活。他认为，美国要给予民众（至少自由的白人）权利和权威，并要致力于实现这一想法。他敏锐地察觉到新政体能否健康成长依赖于那些学过如何行使权力的当权者。因此，教育民众应当是民选政府的责任。这样一来，就会形成学习的良性循环，培养出思维缜密的公民，使他们免受政府越权行为的威胁。

　　在 18 世纪，只有少数人认为教育是政府的职能。在欧洲，一直是教会和家庭承担教育责任，其教学性质很大程度上取决于人们所属的宗派。总的来说，新教重视教徒独立阅读《圣经》的能力，这就需要基本的读写能力，从而大大提高了大众阶级的阅读能力。新英格兰殖民地用税款支付学费，由此将这一运动延伸至政治范围内。[①] 学校教育

---

① Richard D. Brown, "Bulwark of Revolutionary Liberty: Thomas Jefferson's and John Adams's Programs for an Informed Citizenry," in *Thomas Jefferson and the Education of a Citizen*, ed. James Gilreath (Washington, D. C.: Library of Congress, 1999), 93.

除了让人们学会读《圣经》，还有其政治意义，因为受过教育的民众能够对那些对他们行使权力的人做出评判。读写能力是获取信息的关键，而认真思考所得信息的能力则是成为社会成员的基本要求。

重视教育的地区并非只限于东北部的殖民地。虽然约翰·亚当斯（John Adams）与杰斐逊在许多重要的政治问题上持有不同的见解，但在教育必要性上达成了共识，认为教育是捍卫自由的基础。约翰·亚当斯写道："只要人们普遍拥有常识和察觉力，专制统治和各种压迫现象就会相应地随之减弱和消失。"他认为，美国人是崇尚学习并引以为豪的："一个不会读书写字的本土美国人就像詹姆斯党人和罗马天主教徒那样少见，就像彗星和地震那样罕见。"①杰斐逊的想法与之相似：知识就是自由，读写能力是获取知识的首要基础。和约翰·亚当斯一样，他相信政府要通过培养受过良好教育的公民来最大程度地捍卫自由。

然而，"教育应是政府项目"这一思想，在当时遭到了很多人的反对。只要人们认为教育和宗教应该齐头并进，认为政府当局不应该倡导任何特定的宗教信仰，他们就不希望有世俗的政府官员去干涉学校教育。很多人相信，教育是一个道德教化的过程，不应该与教会的权力割裂开来。于是，有人质疑政府能否以自由和独立的名义促进教育。难道政府真的没想要通过公立学校向公民灌输俯首帖耳的

① Douglas L. Wilson, "Jefferson and Literacy," in *Thomas Jefferson and the Education of a Citizen*, ed. James Gilreath (Washington, D. C.: Library of Congress, 1999), 80.

奴性思想吗？

对杰斐逊和约翰·亚当斯而言，抵制这种灌输的最好方式就是接受更多的教育。只有知情的公民才能拆穿政府当局的诡计，只有让公民自由地接触到相互竞争的不同观点，才能使他们判断谁最能代表他们的利益。可以说，在这一点上，约翰·亚当斯是两边下注。虽然他非常认同民众对信息的辩证判断能力十分重要，但他也支持能迫使相互竞争的团体或秩序不时达成妥协的政府体系结构："人们互相观察和协调，由此形成的秩序是唯一的保障；权力必须对抗权力，利益必须对抗利益……宗教、迷信、誓言、教育、法律，这所有的一切在激情、利益与权力面前都得让路，能与它们相抗衡的也只有激情、利益与权力。"① 约翰·亚当斯认为从长远来看进行教育是正确的，但他想要确认三权分立以及多层级代表是否能够阻止任何一个特定的政体走得太快太远。

杰斐逊的看法更加理想化，他认为受过教育的公民是自由的捍卫者。其教育提案的主要目标是"让每个人都能自己去判断保障或威胁其自由的是什么"②。教育的政治核心和道德核心是培养独立判断的能力，从而使其免受外部胁迫。"杰斐逊相信，人在最接近或完全自立时，是最自由

---

① Lorraine Smith Pangle and Thomas L. Pangle, *The Learning of Liberty*: *The Educational Ideas of the American Founders* (Lawrence: University of Kansas Press, 1993), 4

② Ibid., p. 108.

的，因此教育必须关注这种内在智慧的唤醒和发展。"① 所有公民都应该培养这种能力，其中一些人会超越这种能力，改善生活，展开对理想的追求。

杰斐逊的教育理念主要分两方面：公民的大众化教育和高等教育。1779 年，他引进立法，提出《关于进一步普及知识的法案》（ On the More General Diffusion of Knowledge ）来解决第一个方面的问题；数十年后，他建立了一所大学，使其教育理念的第二个方面得以具体化。这项法案并未被通过，但它的原则对美国几代人的教育讨论有着深远的影响。位于夏洛兹维尔的弗吉尼亚大学深深打上了其创办人的印记，至今这所大学仍然蓬勃发展着。

杰斐逊的《关于进一步普及知识的法案》提出，公民应该学会基本技能，以此捍卫自由，处理事务和继续学习。读写能力和计算能力是关键。实行这些教育是政府的责任，只有人们接受了这些教育，才能指望他们能够自我管理。"假如我们认为他们（人民）没有足够的知识，不能以健全的判断力制约权力的话，那么，弥补的办法不是剥夺人民的权力，而是通过教育使他们具有判断力。"② 这就是为什么杰斐逊认为负担这项教育费用的人应该是纳税人（而不是教会或是有钱的捐助者）的理由。在很多政治问题上，

① Gordon Lee, "Learning and Liberty: The Jeffersonian Tradition," in *Crusade against Ignorance: Thomas Jefferson on Education*, ed. Gordon Lee (New York: Teachers College Press, 1961), 19.

② From the bill *On the More General Diffusion of Knowledge*, quoted by Jennings L. Wagoner Jr., " 'That Knowledge Most Useful to Us': Thomas Jefferson's Concept of Utility in the Education of Republican Citizens," in Gilreath, 120.

约翰·亚当斯都和他的这位"友敌"意见不一，但在必须由大众来承担教育责任这一点上，他们却有着一致的见解："全体人民必须自己承担全民教育的责任，也必须愿意承担这个费用。在任何一个一平方英里的区域内都应该有学校，并且这所学校不应由某个慈善个体建立，应该由人民自己出资维持。"①

不论贫富，任何人（不过，别忘了只限于自由的白人男性）都应该享有接受教育的机会，这是杰斐逊计划的一个关键性组成部分。所有公民都应该接受良好的教育。虽然他没有强调女孩应该进行哪些方面的学习，但她们将被列为初等教育的对象。不过，拥有机会只是一个起点。他计划在每个等级中选取最有才干的 10% 的男孩，使他们有机会进行更高级别的学习。然而，关键是，国家要为那些没有支付能力的人买单。杰斐逊认为共和国能否健康发展依赖于它能否通过发现一流人才完成自我更新，他试图建立一个体制，去发现那些来自贫困家庭但天赋异禀的年轻男子，否则，他们可能会被埋没。"每年在垃圾堆里耙出最出色的天才""自然不仅把这些天赋的种子播散在富人家庭，也播散在穷人家庭，如果不把他们找出来并加以培养的话，他们就会被埋没，不能得到很好的利用。"② 这样的人才可以使国家受益。

---

① Lorraine Smith Pangle and Thomas L. Pangle, *The Learning of Liberty: The Educational Ideas of the American Founders* (Lawrence: University of Kansas Press, 1993), 96.

② Richard D. Brown, "Bulwark of Revolutionary Liberty: Thomas Jefferson's and John Adams's Programs for an Informed Citizenry," in *Thomas Jefferson and the Education of a Citizen*, ed. James Gilreath (Washington, D. C.: Library of Congress, 1999), 96.

把垃圾找到天才，然后用公共资金加以栽培，这样一来精英不会总是在富人阶层中产生，从而避免他们用政府权力为自己牟私利。鉴于人的能力和精力有所不同，杰斐逊坚信精英总是有的。他的平等观是：人人都能平等地获得机会或机遇，而不是使每个人都能平等地获得成功。但他也坚信：如果没有认真努力地寻找并培养新的人才，国家的精英将成为他所谓的"人为贵族"，社会上将出现越来越多的腐败无能之徒。他"普及知识"的计划旨在建立一个由知识渊博的公民组成的基础阶层，同时让他们当中最具才干的人具备成为明日精英或者他所谓的"自然贵族"的能力。

在杰斐逊的体制中，这些有才能的青年在早先的学习阶段中就从学生队伍中被选拔出来，最终需要在有实力的大学中完成正规教育。然而，杰斐逊的初等教育立法提议在 18 世纪 90 年代遭到否决，主要原因是州代表们认为这项计划费用过高。但他仍然认为由公共资助的普及性初等教育是重中之重，同时也看到在他周围掀起的那股反税收的热潮，这使他的计划从政治角度来看令人难以接受。于是，当时已经步入晚年的杰斐逊决定集中精力新建一所大学，通过这所大学很好地体现博雅学习这一特定理念。杰斐逊曾在威廉玛丽学院（College of William & Mary）求学，并对威廉玛丽学院的发展产生了一定的影响。在美国革命以及欧洲启蒙运动之后，他曾努力促使这所学院走向现代化。但他发现大学改革举步维艰，于是觉得从头开始建一所新大学更为可取，这样一来，"老师可能最大程度地将每个如今实用的科学分支的内容传授给学生。"他尽力使这所新大学不受任何宗教团体以及死记硬背的传统学习习惯的影响，因为他认为旧世界和新英格兰的诸多大学已经深受其害。在 1818 年的一份报告中，他指出了大学教育的主要目标："培养政治家、立法者和法官；阐释政府的原则；协调农业与商业的关系；发展年轻人的推理能力；一般地说，就是要培养他们反思和自我纠正的习惯，使他们成为他人学习美德的榜样，成为幸福的榜样。"① 很明显，杰斐逊希望他的大学能够培养出这个新国家的领导者和自然贵族。但是，在提到学校会教授"现如今实用的"科学分支知识的时候，他心里到底在想什么呢？又该如何判定这个"最大限度"呢？

这些都是杰斐逊一直思考的问题。美国独立后不久，他曾支持创建一所国立大学。大英雄乔治·华盛顿其实也有过这样的计划，但没能实现。这位首任总统曾希望建立一所能吸引美国各州学子的无宗派大学，以激发全国上下团结统一的精神。如果能拥有一所达到国际领先水平的一流教育机构，对一个新国家来说，这是极其有利的。1788年，本杰明·拉什（Benjamin Rush）提出关于创建一所联邦大学的计划，其目标是"获取各类知识，以增加各种生活便利条件，减轻人类痛苦，改善我们的国家，促进人口

① "Report of the Commissioners for the University of Virginia (1818)", in Gordon Lee, *Crusade against Ignorance：Thomas Jefferson on Education*, ed. Gordon Lee（New York：Teachers College Press, 1961), 118.

的增长，增进人们之间的理解，培养家庭幸福感、社会幸福感和政治幸福感。"① 但是，乔治·华盛顿就任总统时支持以下观点："对于这样一所国家大学，其主要目标应该是让年轻人学习政府学。在这个共和国中，还有比这更很重要的知识吗？要把这样的科学知识传授给这个国家的自由捍卫者。对立法会来说，还有比赞成这样一个计划更亟待完成的职责吗？"② 然而，国会不愿意通过公民缴税来支持大学，由此，建立一个旨在促进民族团结的世俗机构的渴望遭到了地方主义分子和宗教分子的反对。那些担心联邦当局会越发凌驾于州政府之上的人从来就不希望看到有一所卓越的中央大学出现在美国。有些人认为，缺乏宗教信仰的教育会导致腐败堕落，因此他们无法接受一所显然不是以基督教核心原则为基础的高等教育机构。③

　　杰斐逊支持乔治·华盛顿创办国立大学的计划，他甚至想从日内瓦大学聘请教职工。但是，看到那么多人反对这个国家计划，他最终还是将自己的精力集中在他的弗吉尼亚州。1818 年夏天，受州立法机关委托，他和詹姆斯·麦迪逊（James Madison）、詹姆斯·门罗（James Monroe，时

① Benjamin Rush, "Address to the People of the United States", quoted in Lorraine Smith Pangle and Thomas L. Pangle, *The Learning of Liberty*: *The Educational Ideas of the American Founders* (Lawrence: University of Kansas Press, 1993), 148.

② Washington, Eighth Annual Message, December 7, 1796, quoted in Pangle and Pangle, 150-52. See also David L. Madsen, *The National University*: *Enduring Dream of the USA* (Detroit: Wayne State University Press, 1966).

③ 洛兰·斯密斯·潘戈尔和托马斯·L. 潘戈尔指出，拉什本人很怀疑没有宗教影响的学习会产生不好的结果。他给由他创建的长老会学校——迪金森学院后来的受托人写信："要修正学习效果，宗教很有必要。我相信，若没有宗教，学习会对人类的道德和原则产生很大损害。"

任总统）以及其他一些知名人士在蓝岭山一起讨论由政府支持高等教育的构想。杰斐逊当时七十五岁高龄，在麦迪逊的陪同下，骑马从他家来到蓝岭山的那家小酒馆，两天时间赶了 30 英里路。这两位年迈的开国元勋试图通过建立高等教育公共机构来保卫这个国家的未来。杰斐逊的报告一开始就承认有些人认为大学教育仅仅是提供"无用的学识"，或者认为此类事业应该"留给个人去努力"。但他和其他在洛克菲什山口小旅馆的委员们相信：文化独立性和公民健康发展需要得到公众的支持，公众必须支持在创造新知识的诸多领域内开展高级别工作。这样的支持将给所有人带来回报，因为这样培养出来的毕业生将以高效的方式领导弗吉尼亚州。杰斐逊提出弗吉尼亚人不应该将他们的儿子送到当时已经新建了公共机构的肯塔基州去接受教育。那些有才华的青年也不应该远赴欧洲留学，因为他们在那里很可能不是受教育，而是有可能堕落了。他们需要一个能让他们学习的地方，一个离家很近又能充分施展其能力的"学术村"。杰斐逊进行了一系列巧妙的谈判，生动地展示了弗吉尼亚州人口统计的情况，最后把校址定在夏洛茨维尔市，就在他家所在的蒙蒂塞洛的山下，这样一来他便可以时刻关注这所大学的建设进程。①

---

① See Jon Meacham's account of the Rockfish Gap meeting in *Thomas Jefferson: The Art of Power* (New York: Random House, 2012), 467–470. "杰斐逊意识到他与大学项目之间的关系也导致了该项目成功的障碍。到底要不要参与该项目？哪一种情况会大大推动教育机构的成功？我想应该去不去参与……宗教界和政界的那些狂热分子本人都不了解我，早就被人挑唆，把我看作吓唬小孩的妖怪。"[letter to Joseph C. Cabell, February 26, 1818, quoted in Jennings L. Wagoner Jr., *Jefferson and Education* (Charlottesville: University of Virginia Press, 2004), 114].

　　这所大学被称为"杰斐逊先生的大学"，它是一个探究的引擎——在那里，学习与反思、研究与交流的习惯将提升师生能力。"教育将使人们养成善用知识、遵守秩序和热爱美德的习惯；进而在这些习惯的作用下，人们将遏制道德机制内的任何一种先天性不正直行为。"[①] 他很清楚：学生的大学经历本身根本不会激发他们形成道德机制内的习惯，不会形成这位《独立宣言》的起草人所设想的习惯。大学男生搞庆祝时大声喧哗，"喝酒喝醉了就不服从命令"，这种问题19世纪早期有，到了20世纪早期仍然有。[②] 但是，如今他们刻苦学习，积极参加社交活动，并致力于寻找"爱"和"美德"可能包含的意义。他们都这样了，难道我们还不希望学生能热爱美德吗？

　　对杰斐逊来说，如果一个人要追求幸福，就需要有活跃的思维，而且要参与广泛的研究实践，这本身是件大好事，通常能在这个世界上取得积极的成果。[③] 他用一位果农教他的嫁接方法来比喻这种改进："教育以类似的方式将一

---

① Rockfish Report, in Gordon Lee, *Crusade against Ignorance: Thomas Jefferson on Education*, ed. Gordon Lee (New York: Teachers College Press, 1961), 119.

② "我最害怕的险阻是教育机构中的处罚手段，大多数公立学校也正是由于这个原因一直走得很艰难。如今，青年人都很叛逆，这是教育他们的最大阻碍。我们也许可以通过减少过多的管理，通过不去制定无益的规章制度来减小这一难度——管理和规章制度在以下情况中绝对不会总是导致不满、反抗和厌恶：把一些小的处罚交由学生当中比较谨慎的人去决定，而把比较严重的处罚交由民事法官判决。" Jefferson to Ticknor, July 16, 1823, in *The Writings of Tomas Jefferson*, ed. Andrew Lipscomb and Albert Bergh (Washington, C.: 1903-4), 15: 455.

③ "经常使用的大脑总是快乐的。这是幸福真正的秘诀，最大的诀窍。" Jefferson to his daughter Martha, May 21, 1787, quoted in quoted by Jennings L. Wagoner Jr., "'That Knowledge Most Useful to Us': Thomas Jefferson's Concept of Utility in the Education of Republican Citizens," in *Thomas Jefferson and the Education of a Citizen*, ed. James Gilreath (Washington, D. C.: Library of Congress, 1999), 125. 瓦格纳指出，虽然杰斐逊对妇女的教育并没太多的计划，但他认为共和国的妇女应该受教育，使她们能够"追求最广泛意义上的幸福"。

个全新的人嫁接于天然胚料之上，把人性中的邪恶卑污、
桀骜顽劣转变为美德和社会认可的品性。"① 杰斐逊的大学
是一所无宗派的大学。这位《独立宣言》的起草人也曾执
笔写下《弗吉尼亚纪事》（*Notes on the State of Virginia*），有
力地陈述了政教分离的必要性。他认为宗教信仰只是个人
的私事，并非建立在知识之上，也没有任何研究证明可做
支撑。我们当然可以允许个人有宗教崇拜的自由，但他没
必要把他认为是神学家的无聊猜测带到校园里。有人说杰
斐逊是个无神论者，是年轻人的腐蚀剂；面对这样的批评，
他表示他允许新教教会在这所大学周围建立（神）学院。
但他们拒绝了。

　　杰斐逊的这所大学都教些什么呢？古代语言和现代语
言，理论数学和应用数学；物理学、植物学、动物学、解
剖学及医学；政府学与法律；意识形态、语法、伦理学、
修辞学、文学及美术。虽然宗教课程不在课表之中，但似
乎也没什么其他的课程被排除在外。然而，杰斐逊不断谈
及实用知识，或"实用科学领域"。

　　他以什么标准来认定所有以上这些领域的研究都是有
用的？杰斐逊是个富有启蒙思想的人，对他来说，这意味
着他相信知识的积累会改善公共生活和个人生活。因此，
他的"实用知识"这一概念是开放的、广泛的。这一点甚

---

① Jefferson to his daughter Martha, May 21, 1787, quoted in quoted by Jennings L. Wagoner Jr., " 'That Knowledge Most Useful to Us' : Thomas Jefferson's Concept of Utility in the Education of Republican Citizens," in *Thomas Jefferson and the Education of a Citizen*, ed. James Gilreath (Washington, D. C.: Library of Congress, 1999), 125.

至在他关于夏洛茨维尔校园的设计中也有所反映。诚然，相比当时的许多学校，杰斐逊的课程设置并不注重强调希腊语课文和拉丁语课文的学习，而是侧重他认为的更活跃、更现代的内容。显然，他更喜欢的是历史而非文学，因为他觉得历史更有助于道德教育和政治教育。杰斐逊致力于追求现代教育：学生应该学习有用的语言（而不是"已经死了的语言"），应该从事有积极研究意义的学科。但这位"蒙蒂塞洛"的圣贤绝对不是目光狭隘的功利主义者。他本人就很喜欢阅读古典文学，并写道："我更感兴趣的是两三千年来传承下来的东西，而不是现在正在传承的东西。因此，我总是通过阅读去了解特洛伊战争、拉喀德蒙（古代斯巴达的别称）和雅典之战的英雄们、庞培和恺撒……我安然入睡，在梦中重温着对古时的想象。"[1] 经过事实和缜密对话这两大检验，对古时的想象将发展成为能用之于世的真正的知识。

　　杰斐逊确信，虽然大学生可以在校园里学习历史、文学和哲学，但人们在校外也同样能很好地学习这些科目。他强调大学生在校时应该学习科学，因此近乎一半的课程都是科学和数学。[2] 他这么做，并不是因为他觉得学生毕业后都能成为科学家，而是因为现代科学带有探究性的思维习惯和方法能让他们学会终身学习，不管他们以后是去管理

---

　　① Jefferson lo Nathaniel Macon, January 12, 1819, quoted in Lorraine Smith Pangle and Thomas L. Pangle, *The Learning of Liberty: The Educational Ideas of the American Founders* (Lawrence: University of Kansas Press, 1993), 178.

　　② Lorraine Smith Pangle and Thomas L. Pangle, *The Learning of Liberty: The Educational Ideas of the American Founders* (Lawrence: University of Kansas Press, 1993), 166.

农场还是从事专业化的工作，都会使他们受益无穷。① 至此，我们发现杰斐逊对教育"实用性"的理解是动态的、开放的。他对知识和实验的态度开启了以下可能性：任何形式的探索都可能被证明是有用的。② 我们无法提前认定其价值，但可以根据启蒙主义思想来确认其价值，也就是说，观察大学毕业生是如何运用所学知识做事情的（这里所谓的"学识的应用"指的是"善用知识、遵守秩序以及热爱美德的习惯"）。大学生在大学里进行独立而自由的探索，将使他们成为独立而自由的思想家和公民，使他们能够在新社会和新成立的共和国里独立思考，对自己的行为负责。他们探究的可能是语法、动物学、解剖学或意识形态，具体哪个方面，杰斐逊认为并不重要；重要的是对知识的自由追求，因为这种追求是有益的，有助于在大学之外塑造自由公民。

这让我们知道了"杰斐逊先生的大学"的一个最重要的形式创新，即学生可以自由选课："我对哈佛大学的课程设置不是很了解，但我知道一点，哈佛要求所有学生修习阅读课，不准他们申请只与他们注定要从事的特定岗位相适应的学科。我相信几乎美国的每所大学和学院都在效仿哈佛；但在这一点上，我不敢苟同。与哈佛相反，我们允

---

① Lorraine Smith Pangle and Thomas L. Pangle, *The Learning of Liberty: The Educational Ideas of the American Founders* (Lawrence: University of Kansas Press, 1993), 167.

② Jennings L. Wagoner Jr., "'That Knowledge Most Useful to Us': Thomas Jefferson's Concept of Utility in the Education of Republican Citizens," in *Thomas Jefferson and the Education of a Citizen*, ed. James Gilreath (Washington, D. C.: Library of Congress, 1999), xxv.

许学生选择自己想上的课程，不会加以约束，只要他们满足基本资格要求以及达到一定年龄。"① 杰斐逊认为：如果学生们已被设定要去追求特定的职业，如果他们不得不去遵守前人的生活准则，那么，让学生接受自由而开放的教育这种努力就没有多大意义。在人们开始发现自己的能力时，教育应该允许他们自由地去体验；而人们之所以开始发现自己的能力，是因为这些能力通过教育得到了应用。这位《独立宣言》的起草人希望学生们能够自己去发现，自己去决定自己要走的路，而不是由别人来告诉他应该学什么，不管这个人是家人、老师，还是来自教会或政府的人。如果大学是一个让人们发现和培养独立意识的地方，那么，如果还是按上辈人设定的路线继续走下去，教育就显得毫无意义。杰斐逊的这所大学是个践行自由的地方，他希望师生们能在这个地方获得与自由相匹配的更好的能力，无论是作为共和国公民还是作为个人。

当然，重要的是，我们要记住：杰斐逊创办的这所大学一方面渴望成为自由之地，另一方面把大多数人拒之门外。弗吉尼亚大学只向最具天赋的公民敞开大门。只有在前几个阶段的学习中成绩优异的学生才有可能获得选课的机会，而绝大多数人（妇女、奴隶、印第安人）永远得不到这种机会，从一开始就被排除在外。杰斐逊在种族和性别方面的虚伪家喻户晓；他十分了解压迫人民的组织，但

---

① Thomas Jefferson to George Ticknor, July 16, 1823, in *Writings of Tomas Jefferson*, ed. Andrew Lipscomb and Albert Bergh (Washington, . C.: 1903−1904), 15: 455.

这并不能削弱他的专横做派。如果说我们这位不落陈套的第三任总统能明白教育与获得自由的可能性之间有着必然的联系，那么他一以贯之的种族主义和性别歧视使他认为妇女、黑奴或印第安人都不应该享有获得自由的可能性。在他看来，他们不会成为公民，因此没必要接受教育。

但是，如果我们真这么想，未免有些夸大其词了，因为杰斐逊对这群被排除在外的人的看法其实也很不相同、也是自相矛盾的。关于妇女，他承认"我从来没有系统地考虑过女性教育的计划"①，然而，1779 年在他的弗吉尼亚学校教育规划中，女孩被列为初级教育的对象。与他同时代的一些人也认同公民受教育的重要性，意识到母亲对公民教育的作用很大——因此妇女也应该接受良好的教育。譬如，诺亚·韦伯斯特（Noah Webster）和本杰明·拉什都在他们的文章中提到妇女在家要成为合格的配偶，在独立的共和国内要成为孩子体贴周到的人生导师，他们都认为这两点非常重要。② 1819 年，艾玛·威拉德（Emma Willard）为州立神学院培养女性成为职业教师据理力争，虽然不是很成功，但还是产生了一定的影响力。

杰斐逊爱妻亡故，他独自一人带着三个年轻的女儿。他强调女孩应该学会操持家务，包括敦促自己的孩子投入学习的能力。他主张她们学习外语、音乐和科学。女孩的

---

① Jennings L. Wagoner Jr., "'That Knowledge Most Useful to Us': Thomas Jefferson's Concept of Utility in the Education of Republican Citizens," in *Thomas Jefferson and the Education of a Citizen*, ed. James Gilreath (Washington, D. C.: Library of Congress, 1999), 123.

② Lorraine Smith Pangle and Thomas L. Pangle, *The Learning of Liberty: The Educational Ideas of the American Founders* (Lawrence: University of Kansas Press, 1993), 102-105.

教育在很多方面和男孩相似，但这些相似性到了大学阶段便不复存在。① 大学的目标是培养领导者，而杰斐逊对女孩和妇女的尊重还没达到那个程度，他对平等的理解还有局限性。

杰斐逊对印第安人的态度很复杂，甚至可以说是自相矛盾的。他年轻时认识了很多印第安人，在他的游历过程中一直努力去了解他们的语言和政治体制。1785 年他写道："我可以肯定地说，印第安人表现出来的所有天赋和白人不相上下。"他经常说起某些部落的政治组织是如何表明自己对自由的忠诚，他认为以前的殖民者应该效仿这种忠诚的品质。② 他给印第安人设奖学金，这个做法一直为人称道；他经常以印第安人为榜样，以抵制在欧洲颇为流行的种族主义者退化理论家的说辞。他认为，总有一天生活在北美洲的人将通过联姻成为"大陆家庭"。但是，很多历史学家指出，杰斐逊这位政治家对印第安人来说是个残忍的敌人。只要美洲印第安人阻碍了白人的扩张进程，必将遭到无情杀害。正如这位"蒙蒂塞洛圣人"自己所说："如果我们被迫举起战斧去砍杀任何部落，我们将绝不放下战

① Jennings L. Wagoner Jr., "'That Knowledge Most Useful to Us': Thomas Jefferson's Concept of Utility in the Education of Republican Citizens," in *Thomas Jefferson and the Education of a Citizen*, ed. James Gilreath (Washington, D. C.: Library of Congress, 1999), 125.

② See Jefferson's letter to the Marquis de Chastellux, June 7, 1785, quoted in Donald A. Grinde Jr., "Thomas Jefferson's Dualistic Perceptions of Native Americans," in *Thomas Jefferson and the Education of a Citizen*, ed. James Gilreath (Washington, D. C.: Library of Congress, 1999), 195.

斧，直到那个部落被灭绝。"① 杰斐逊在他那所新大学的课程系统中设有印第安部落研究，但他认为并不会有印第安人在那儿学习。

如果我们要解读杰斐逊发表的关于印第安人的观点，就不得不联系到他关于美国这个新国家的西进政策；同样，要解读他关于非洲人的观点，就必须注意到他与奴隶制之间的个人联系和政治联系。杰斐逊是个奴隶主，但他也憎恨这个制度，因为他认为这个制度贬低了所有与之有联系的人："奴隶制存在于我们之中，毫无疑问会对民众的礼仪产生不幸的影响。奴隶主和奴隶之间的交往完全是个永恒的运动，狂暴而又激情，一方专制独裁，无休无止；另一方体面尽失，一味屈从。孩子们看到了，就会去学去模仿，因为人类是一种非常喜欢模仿的动物。这种特质也是所有人类教育的萌芽。"② 杰斐逊抱怨这种"狂暴的激情"，但他和他名下的数位奴隶有染，并生有子女，其中最为公众所知的一个是他妻子同父异母的妹妹萨莉·海明斯（Sally Hemmings）。现有不少文献试图去理解（或谴责）杰斐逊一生中表现出来的这些矛盾之处，但本书关注的只是这些矛盾与他的教育观之间的关系。杰斐逊在《弗吉尼亚纪事》中呼吁废除奴隶制，同时又提出"黑人智力天生低于白

① C. Vann Woodward, "The Old and New Worlds: Summary and Comment," in *Thomas Jefferson and the Education of a Citizen*, ed. James Gilreath (Washington, D. C.: Library of Congress, 1999), 209-217. 也可参见此书中格林德的那篇文章。

② Thomas Jefferson, Notes on the State of Virginia, query 18, http://xroacls.vii.ginia.edu/~hyper/jefferson/ch18.html (accessed July 2013).

人"这一看法。杰斐逊多次提到当时的白人作家针对非洲人的一些带有种族歧视的评价。他反复提到过关于黑人的职业道德和关于黑人的头发和皮肤天生丑陋这些流言蜚语——当时这样的言论在社会上相当普遍。从他的角度看，也许最重要的是"黑人几乎没什么学习能力"这一结论："通过比较他们的记忆力、推理能力和想象力，我发现他们的记忆力与白人不相上下，推理能力却远远不及白人。"众所周知，后来他补充说明了对黑人的看法：虽然黑人可能有音乐天赋，而"苦难往往是诗歌中最扣人心弦的源头——苦难在黑人中已经够多了，谁知道呢？但他们却没有诗歌。"①

对杰斐逊而言，非洲人不可能走上启蒙之路，因此不能成为真正的公民。1780 年，作为弗吉尼亚州州长，他写道，他们不应该继续被奴役，但他们也不能和自由的（可教育的）美国公民生活在一起。当杰斐逊在尝试想象一个后解放社会的时候，他不只是考虑黑人有限的未来，还担忧前奴隶主无法尽释前嫌，抛弃对黑人的成见，而被解放的奴隶也无法忘记自己曾经遭受过的那些极不公正的事情——"一万个黑人在回忆，回忆里都是他们不断遭受的种种伤害。"② 在可怕的历史岁月里，美国的黑人和白人纠缠在一起，现在又怎么可能在一起学习，怎么可能真正地共同参与教育呢？"上帝是公正的：他的公正不可能永远长

① Thomas Jefferson, Notes on the State of Virginia, query 14, http：//xroads. virginia. edu/~hyper/jefferson/chl4. html. （accessed July 2013）.

② Ibid. .

眠：鉴于人数、性格及自然手段，命运之轮的转动以及地位的互换是可能发生的；超自然的干预也许就能使之成为可能——每每想到这一切，我就不由得为我们的国家感到忧虑！在这样一个较量中，全能的上帝不可能站在我们这一边。"① 这位自己拥有奴隶的州长继续表达着他的希望，觉得事情开始变得越来越好，"主人的锐气在减弱，而奴隶的锐气在尘土中升腾"，这样就避免了压迫角色的暴力转变。②这位《独立宣言》的起草人想象着，甚至强烈地渴望黑人奴隶获得自由。但是，他无法想象他们与白人平等和睦地生活在一起，因此他提出一个方案，为数百万的黑人开辟一块新的殖民地，送他们到那里生活："假如奴隶在这个世界上能够有一个国家，那应该是一个他们自己喜欢的国家，而不是这个他们生来就得为他人而活、为他人劳动的国家。"③

至此，我们似乎已经提到了杰斐逊教育观的局限性，在这一点上，他的"最广义的学习能让你获得自由"这一信条遭遇到"有些人就是不能学会如何学习"这一偏见，就搁浅了。杰斐逊认为非洲诗歌是无法想象的，也无法忍受"那些扣人心弦的故事竟然可能出自前奴隶之手"这一事实。但是，非裔美国人继承了杰斐逊的教育信仰，让教育为他们铺就了一条通向自由的道路。

---

① Thomas Jefferson, Notes on the State of Virginia, query 18, http: //xroacls. vii. ginia. edu/ ~ hyper/jefferson/chl8. html (accessed July 2013).

② Ibid. .

③ Ibid. .

　　我们来看两个很有说服力的例子。第一个是戴维·沃克（David Walker）在 1829 年发行的《向世界有色人种公民的呼吁》（*Appeal to the Coloured Citizens of the World*，以下简称《呼吁》）。沃克的父亲是个奴隶，母亲是个自由黑人，他在北卡罗来纳州长大，最终定居波士顿。沃克既是一个店主，也是一个狂热的福音派信徒，在当地的共济会组织中相当活跃。沃克为废奴主义报社撰稿，极力鼓舞黑人争取本就属于自己的自由，而不是祈求白人将自由作为礼物赐予他们。沃克的文章就是战斗的号角，敦促黑人走向智力独立和精神独立，推翻奴隶主暴政。杰斐逊逝世若干年后，沃克毫不隐讳地抨击了他在《弗吉尼亚纪事》中关于黑人地位低下的言论，抨击了奴隶制的罪恶。沃克不想让奴隶主来揭露奴隶制的罪恶，他想由奴隶们自己来明确地加以陈述，并采取适当的行动。沃克说道："就我而言，我很高兴杰斐逊先生为了你们超越了他自己的立场，而你们要通过自己的行为来回应他，或支持或反对，而不是依赖我们的朋友替我们去说，替我们去做。因为这些都是他人的劳动，何况这些行为并没有说服美国人，那些美国人正等着我们在他们愿意承认之前向他们证明我们是'人'。"① 沃克又问道："要如何证明我们是'人'呢？"沃克的回答已经成为经典的启蒙运动构想（且不说是杰斐

---

　　① *Walker's Appeal*, in Four Articles; *Together with a Preamble*, to the Coloured Citizens of the World, but in Particular, and Very Expressly, to Those of the United States of America, written in Boston, state of Massachusetts, September, 28, 1829, 32. http://docsouth. unc. edu/nc/ walker/ walker. html（accessed June, 2013）.

逊式构想）。那就是，我们要表明我们有学习能力，以此说明我们是人。教育是通向自由之路：

> 我祈祷耶和华不要欺骗我无知的同胞，允许他们扔掉自负，去寻求学习的本质。我愿匍匐前进，穿过泥沼，拜倒在博学之士脚下，端坐其旁，谦卑地祈求他对我进行教诲，任何魔鬼和暴君都无法夺走这些教诲，它们将伴我一生一世——因为在这个国家获取知识的有色人种必将使暴君在松散的根基上颤抖战栗。
>
> 教育有色人种？单单这个说法就足以让凶残的压迫者恐慌至极，甚至惊吓至死。但是，如果他们至今还没有感到害怕，那也在情理之中，因为他们总是可以让我们一直无知下去，而且上帝认可他们几个世纪以来谋杀我们的暴行。白人将会有足够多的黑人奴隶，就像上帝端坐在天堂的宝座之上一样真实。①

沃克在《呼吁》的结尾部分，抨击了杰斐逊思想在《独立宣言》和《弗吉尼亚纪事》中相互矛盾的地方。他呼吁："听听你们自己在《独立宣言》中的言语，再想想你们以及你们残酷无情的父辈对我们以及我们的父辈施加的暴行和谋杀，将这两者做做比较吧。"② 可以肯定的是，

---

① *Walker's Appeal*, in *Four Articles*; *Together with a Preamble*, *to the Coloured Citizens of the World*, *but in Particular*, *and Very Expressly*, *to Those of the United States of America*, *written in Boston*, *state of Massachusetts*, *September*, 28, 1829, 32. http://docsouth.unc.edu/nc/walker/walker.html（accessed June, 2013），37。

② Ibid., p. 80.

贯穿全书的宗教言论并非杰斐逊本人的理论，而有关教育的言论却是他的理念。从沃克的视角看，受压迫的黑人要通过"寻求学习的本质"来证明他们是人，并展现出自己的人性。如果他们这样做，就能让"凶残的压迫者恐慌至极"，从而解放自己。

当然，沃克的《呼吁》的确让白人当权者感到害怕。1829 年，这本小册子前后一共印刷了三次，书中对正义和起义的号召扣人心弦，立即在社会上引起强烈的反响。这本小册子在黑人群体、教会和商界四处流传。据说沃克把手抄本缝制在他店里出售的旧衣服里。在南方，如果黑人被怀疑私藏手抄本，就会被逮捕，甚至遭到更严酷的惩罚，此外南方当权者还悬赏作者的人头。佐治亚州悬赏 1 万美元活捉沃克，如果谁杀死了他，就可得到 1000 美元赏金。[①]19 世纪 30 年代激进的废奴主义开始蓬勃发展，尽管沃克本人在《呼吁》公开发行一年后就去世了（可能是患肺结核），但代表教育、自由和正义的小册子继续发挥着巨大的影响力。

第二个例子是非裔美国作家弗雷德里克·道格拉斯的《自传》。道格拉斯是一位杰出的演说家和极具天赋的辩论家，致力于发展杰斐逊的教育理念和自由理念，在《自传》出版之前他在废奴主义圈子里就已经是个家喻户晓的人物。他在书中写道：小时候，他被送到巴尔的摩，和奥尔德一

---

① Howard Zinn and Anthony Arnove, *Voices of a People's History of the United States* (New York: Seven Stories, 2004), 168.

家人生活。孩童时期，他大部分时间都得到了索菲娅尽心尽责的照顾。索菲娅花很多时间阅读《圣经》，有时也吟唱《圣经》中的诗歌。对年幼的道格拉斯来说，"这些让我觉得阅读充满了神秘感，不仅唤起了我对阅读的极大好奇心，还唤起了我的求知欲。"这个身为奴隶的小男孩进步很大，女主人想在丈夫面前炫耀一下自己的成果，但她的丈夫奥尔德的反应对道格拉斯产生了决定性的深远影响。他说："学习会毁了世上最好的黑人。如果他学会阅读《圣经》，就永远无法成为一个合格的奴隶。他什么都不需要知道，只需要知道主人的意愿，并学会服从。对他来说，学习没有一点好处，只会带来大量伤害。"[1] 对道格拉斯来说，这个"新奇而又特殊的启示"堪称他的人生转折点，他称之为"第一个反奴隶制演说"，对他产生了深远的影响。"（当时）我想：'好吧，知识会让孩子无法成为合格的奴隶。'我本能地同意这个观点，从那一刻起，我明白了什么是从努力到自由的直接通道。"[2]教育是通向自由的直接通道，而教育基于读写能力，因为你一旦学会了阅读，就可以独立学习。

在道格拉斯的一生中，这是一个杰斐逊式的时刻。在美国历史上，即使杰斐逊本人也从未想过像道格拉斯这样的人竟会经历过这样的时刻。美国崇尚自由平等，却残忍地奴役着数百万愤慨的"道格拉斯"，而正是这种愤慨推

---

① Frederick Douglass, *Narrative of the Life of Frederick Douglass*, chap. 6. http://classiclit. about. com/library/bletexts/douglass/doug-narrative. html（accessed June 2013）.

② Ibid. , p. 97.

动了内战之前那几十年的废奴运动。那些废奴主义者蔑视杰斐逊的盲目性和虚伪，因为他们知道自由原则不能只适用于某个固定阶级的人群。对道格拉斯而言，这些原则与教育紧密联系，正如他人生中所经历的那样。1852 年，道格拉斯发表了一个掷地有声的演讲，谴责美国庆祝独立日的方式，他指出奴隶是人，这是所有人都看得到的，因为他们具有可教育性。实际上，法律禁止教奴隶学习阅读，因为奴隶的可教育性证明了他们应该得到自由平等的权利。"我们必须承认的是，南方的法令中写满禁止教奴隶读书写字的条例，否则将被处以高额罚款和其他惩罚。假如你能指出任何关于田间野兽的法律，我或许会同意认为奴隶是人。"① 道格拉斯年轻时是个奴隶，对教育早已有了一番顿悟——学会学习，便已经获得自由。南方各州立法机构也认识到了这一点，并决心通过严厉镇压阻止教育进一步普及。就像上一代的约翰·亚当斯和托马斯·杰斐逊，弗雷德里克·道格拉斯和戴维·沃克都明白：除非采取凶残的暴力行动来加以阻止，否则教育终将得到推广，要学会学习的观念也将扩散出去。

杰斐逊发起美国实验时，继承并发展了启蒙运动留下的精神遗产。他设计的模式将教育、自由和负责任公民的培养相结合，对我们的文化构成至关重要。根据杰斐逊的构想，政府承担教育公民的责任；反之，公民应该对政府

---

① Frederick Douglass, *Oration*, *Delivered in Corinthian Hall*, Rochester, by Frederick Douglass, July 5th, 1852. http: //www. lib. rochester. edu/index. com/page2945（accessed June 2013）

负责。杰斐逊受到启发，构想了一所现代大学应有的面貌：在校园里，学生可以自由学习，为了学习本身而学习，相信自己所受的教育不只在校园里才有价值，而且从最广泛和最深刻的意义上来说同样有益。对杰斐逊而言，学校里的教职员工应该是积极的学者，而不是训练者。他们应该建立教育自由的信条，而不只是重复教义。从本质上来说，自由探究不会像预想的那样使师生陷入停滞的状态，因为旧问题得到回答之后还会产生新的问题。终身学习的理念塑造了共和国的文化，会对公民产生影响，在校园里生成的问题将远远超出校园范围。在下一章，我们会了解到，有些人认为杰斐逊对自由教育所做的贡献不够务实，也有些人认为他在精神层面的努力还不够深入人心。这些批评家想要的是更直接、更实用的培训，或是更严苛的宗教仪式管理机制。但是，杰斐逊逝世后不久，虽然他的种族歧视遭到一些人的痛恨，但他对自由教育所做的贡献激励着那些希望拓宽启蒙视野的人们，使一代又一代的人致力于发展博雅教育。

拉尔夫·沃尔多·爱默生（Ralph Waldo Emerson）出生于托马斯·杰斐逊任美国总统期间。爱默生的父亲是马萨诸塞州的一位一神教牧师，爱默生哈佛大学毕业后，也成了一名牧师。然而，牧师这个行业并不适合他。他年轻的妻子艾伦·塔克（Ellen Tucker）罹患肺结核去世，然后他发现自己越来越与正式的宗教生活疏远了。他寻求更直接、更私人而且更具普遍意义的事物。他写道："有时候我觉得如果我想成为一名好牧师，我必须离开牧师这个行业。"①
爱默生开始逐渐意识到，"如尸体般冷冰冰"的机械的宗
教生活阻碍了人们去感知上帝和世界——世人的上帝。爱
默生一生都致力于写作与演说，总是试图寻求一种能传递
自己的体验和感受的方式，使读者和听众打开自己的灵魂，
更深刻地认知自己的生活。体验的机会就是受教育的机会，
就是个人进步和社会进步的机会。

　　"经验"和"进步"这两个概念对杰斐逊及其同时代
的人十分重要。约翰·洛克（John Locke）认为经验是了解
自我和理解知识的核心。他认为人就像一块白板，是经验
创造了自我——对外界的记录和回忆形成了自我。从洛克
的角度看，一个人经历的事情都是在外界发生的，在经验
的影响下，一个人的自我得以形成。勒内·笛卡尔（Rene
Descartes）把思维描述成想法和直觉，而洛克却另有一番解
读。杰斐逊深受洛克传统思想的启发，认为传播知识更像
是分享经验。如果我们能够积累、批判性评估并分享社会
上出现的经验模式，就能创造谋求进步的条件。

　　启蒙运动中的经验理念对杰斐逊至关重要，爱默生对
其进行了改造，他虽然强调要与外界接触，但这种接触转
向了人的意识。也就是说，爱默生强调我们如何接纳世界，
强调用我们的直觉要与世界合作，从而生成新的思维模式

①　Ralph Waldo Emerson, *Selected Writings of Emerson*, ed. Donald McQuade（New York：Modern Library, 1981）, xii; See Emerson's journal entry, June 2, 1832, in *The Journals and Miscellaneous Notebooks of Ralph Waldo Emerson*, ed. W. H. Gilman et al., 14 vols.（Cambridge, Mass.：Harvard University Press, 1960-1977）.

和感受方式。他认为思想不是任由世界在其上面留下印记的一块石板，而是与世界积极合作的搭档。教育不只是传播来自调查实验的知识，还包括增强自我意识，甚至培育自我。对爱默生而言，教育的意义不仅是积累知识，而且要塑造性格；教育的意义是改造自我，改造文化。

爱默生在国内做过很多巡回演说，主题多种多样，如自然、补偿、财富和"超灵"，他深深地影响了19世纪中期知识分子的生活。离开讲坛之后，他发现了一个更有效的方式去进行精神主题和哲学主题的宣讲——他的散文和诗歌影响了通晓文学的公众，也影响了精英文化圈。他是一股不可忽视的力量，那个时代的伟大作家都接受过他的教导，从惠特曼（Whitman）到爱伦·坡（Poe），从霍桑（Hawthorne）到梭罗（Thoreau）。正如哈罗德·布卢姆（Harold Bloom）所说："美国人信仰自立，爱默生是这一'宗教'的神学家"，在未来150年内，他仍将发挥巨大的影响力（不管这份影响力是否得到承认）。①

爱默生于1837年和1841年分别发表了《美国学者》（*The American Scholar*）和《论自立》（*Self-Reliance*），这两篇文章有力地陈述了他对教育力量的信念，他相信教育能使人获得人格独立。爱默生在哈佛大学美国优等生联谊会上发表了第一篇演说，气氛非常庄重。爱默生的父亲和兄弟之前也在这个联谊会上发表过演说，都得到了一神教教

---

① Harold Bloom, "The Sage of Côncord," *Guardian*, May 24, 2003, http：//www. theguai. clian. com/books/2003/may/24/philosophy（accessed July 2013）

徒的热烈欢迎。但爱默生早已与这些精英人士决裂了，他的超验主义者朋友希望爱默生能支持他们的观点，即任何值得认知的事物都是通过自我认识获得的。爱默生的朋友不认可加尔文主义的宿命论，认为人无法通过实证研究证明宗教真理。另一方面，哈佛大学的一位论派精英认为超验主义是"新的异端邪说"，而爱默生随时在等待，等待着直截了当地批评他们对权力、金钱和赞美的欲望，以表明双方之间是有分歧的、对立的。他"要去哈佛战斗"①。

演说开始时，爱默生说了一些稍带嘲讽口吻的话。他演说的场合是美国优等生联谊会，这个聚会表明了文学学习对哈佛大学的重要性。就此而言，这所大学的这个特殊日子"只是一个友善的象征，象征着我们这个民族虽然很忙，忙得无暇顾及文学，但对文学的热爱从未泯灭。就此而言，这个日子弥足珍贵，有如不能被损毁的人类本能"。他开始演说时做了两件事。他提到，当下社会越来越商业化，贫困问题严重，人们忙忙碌碌，无暇顾及学问，他希望通过可以后天培养的自然本能来重振我们培养和促进文化的能力。他知道美国文化被视为"忙碌"的文化，涉及"机械性技能的使用"。② 变革的时机已经成熟，因为这个年轻而富有魄力的共和国将不再为了文化滋养又转变为旧世界。

---

① See Kenneth S. Sacks, *Understanding Emerson*："*The American Scholar*" *and His Struggle for Self-Reliance* (Princeton：Princeton University Press, 2003)，10–15；quotation from 13.

② Ralph Waldo Emerson, "The American Scholar," in *The Essential Writings of Ralph Waldo Emerson* (New York：Modern Library, 2000)，45.

　　爱默生认为当前形势十分严峻，长期以来我们依赖他人，早已发生畸变，不再是真正意义上的人。"社会正是这样一种状态——人们的躯体被锯掉，昂然行走，形同怪物，他们是一根健全的手指，一段脖颈，一副肠胃，一只臂肘，但从来不是完整的人。"他写道："于是人变形为物，变为各式各样的物。"① （形势很糟糕，但同时也是时机成熟的原因）人们制造了各种事件，发起了各种行动，爱默生尝试着去寻求一种能让这些事件和行动"歌唱自己"的方式，他也将反复宣告这个国家向其他大陆讨教的漫长"学徒期"终于结束了。②

　　塑造学者的力量主要有三种：自然，过去和行动。混沌的自然使人们的思想遭受强烈的冲击。随着思维能力的发展，自然的混乱状态逐渐消退，大脑理解了周围世界的模式和情况。随着"有思想的人"日臻成熟，他开始意识到"自然是灵魂的另一面，每一部分都相互应和……古老箴言'要认识你自己'和现代格言'要研究自然'终于合而为一"③。影响学者的第二大因素就是过去的思想，他们体现在现今的各类书籍、事物和制度中。但是，对爱默生而言，过去的思想至关重要，因为它并没有学者的被动性。真正的读者是"积极的灵魂"，能利用过去聚集自己的力量，这与学校和学院培养出来的"蛀书虫"刚好相反。这

---

① Ralph Waldo Emerson, "The American Scholar," in *The Essential Writings of Ralph Waldo Emerson* (New York: Modern Library, 2000), 46.

② Ibid., p. 45.

③ Ibid., p. 48.

些机构助长了学生的被动性，而那些著作等身、满足于现状的学者楷模好像在说："这样很好……我们要继续坚守。"① 相比之下，爱默生认为，教育是寻找和利用过去的过程，并推动我们前进。他坚称，我们必须是善于阅读的发明家。优秀书籍的指引作用对我们极有帮助，对此他欣然承认。但是，如果书中倡导人们为了利益去谄媚，教导人们学会依赖，那么这种指引具有消极作用。高等教育应该利用大自然和过去的资料，以激发学生的志气，点燃他们的智慧之火，而不只是告诉他们如何消化这些资料。"同样，大学有其不可或缺的职责——传授基础知识。但是，只有当大学的目标不仅仅是进行基础训练，而且要鼓励创造；当它们将各地天才之光聚集一堂，集中知识之火，点燃年轻学子的心，大学才会对我们有所裨益。"② 在此爱默生将杰斐逊创建弗吉尼亚大学时的大学教育理念——死记硬背是学习的大敌，它将训导学生走上早已选定的道路——激进化了。爱默生在杰斐逊的基础上，呼吁高等学府通过培养创造力给人以启迪，让人进步。

影响学者的第三大因素是行动。爱默生心中的思想者应该拥有强健的体魄，他认为思想者要在田间劳作，不只是接纳世界，更是接触世界、改造世界。"所谓的'务实的人'嘲笑那些沉思的人，因为他们只会深思，只会观察，好像其他事都不会做。"爱默生写道："对学者而言，行动

---

① Ralph Waldo Emerson, "The American Scholar," in *The Essential Writings of Ralph Waldo Emerson* (New York: Modern Library, 2000), 50.

② Ibid., pp. 51-52.

是次要的，但又是必要的。没有了行动，他就不是真正意义上的学者，没有了行动，思想就永远不会发展成真理。"学者能愉悦地接受劳作，因为劳作不仅能增强活力，还有助于思考。和一切事物一样，他不能因为别人认为劳作重要就进行劳作。他的工作和行动必须出于他的独立性和活力："我们能够迅速辨别出谁的字里行间里充满了生活的真谛，而谁的是什么也没有。"①

　　在爱默生的演说辞中，他倡导要做一个愿意从自然和过去中汲取灵感的、思维活跃的学者，要做具备发明才能的劳动者和具有创造性的读者，因为他希望这些人能够塑造我们的文化。教育教导人们不要随波逐流，而是发现属于自己的方式——关注万物，但绝不模仿。一个独立且受过教育的人能够"遏制使人类社会倒退到野蛮状态的庸俗文化的繁荣发展"②。和当今一样，在 19 世纪，人们必须要坚决抵制把教育仅仅视为职业培训的观念，必须强调真正的教育要超越学校的藩篱。学者们要抵制爱默生在这个年轻的共和国中所看到的庸俗文化在蔓延这一现象，以获得独立和自由。"世界属于那些可以透过虚华看到本质的人。"③

　　爱默生所倡导的独立，既不是脱离学术，也不是把教育复杂化。这个伟大的演说中最精彩的地方是在结尾部分，

---

①　Ralph Waldo Emerson, "The American Scholar," in *The Essential Writings of Ralph Waldo Emerson* (New York: Modern Library, 2000), 52.

②　Ibid., p. 56.

③　Ibid., p. 57.

爱默生呼吁人们要关注日常生活，关注普通人。他倡导的学者不会将视野从普通大众转移到艺术和安逸的虚无世界。他们不是这样的。作为"世界的眼睛"，新兴的美国学者关注身边的每一个事物。"穷人的文学，孩子的情感，街头的哲学，居家生活的意义，这些都是我们时代的话题。我寻求的不是那些伟大的、遥远的抑或浪漫的事物……我拥抱平凡的人和物，坐在熟悉而又卑微的人的脚下，探索他们。我只要洞明今天的事物，让别人去关注古代和未来的事物吧。"① 杰斐逊认为欧洲大学关注的是神圣而庄严的事物，而他将其转向现代事物，转向能创造知识的探索领域。在此，爱默生超越了这种转变，突显了其民主的潜力。他提出关于学者的全新观点，指出了践行终生教育的方式。学者应该是这样的人：他们掌握时代所赋予的所有能力，拥有过去的丰富贡献和未来的所有希望，他们简直是传授知识的大学。② 用我们现在的说法，他们通过传授知识构想未来。

爱默生在美国优等生联谊会上发表的演说，意在撼动听众，唤醒沉睡在教条世界中的人们，唤醒屈从于欧洲教育模式的人们。他宣告"我们已经听够了欧洲文艺女神的话语"③，但事情其实没必要以这样的方式发展。教育能够创造一个"民族"，而不只是创造一个附属品，这让我们想

① Ralph Waldo Emerson, "The American Scholar," in *The Essential Writings of Ralph Waldo Emerson* (New York: Modern Library, 2000), 61.

② Ibid. , p. 62.

③ Ibid. .

起他在这个演讲开篇时所创造的意象。教育还应该教会人们行走，体验劳动的高贵，感受畅所欲言的自由。新兴向上的民族需要新兴向上的学者。

爱默生倡导培养新型学者，不只是蛀书虫，而是"会思考的大写的人"，这是他在美国的最古老学府面向学府所在地的坎布里奇市市民听众所做的一个观点犀利而尖锐的演说。哈佛大学在那不久前刚刚进行人事改组，退出了当时美国文化前进的潮流。新任校长约西亚·昆西（Josiah Quincy）担任此职不是因为他知识水平很高，而是因为他的管理能力十分出色。哈佛大学董事会深受《1828 耶鲁报告》（the Yale Report of 1828）影响，该报告倡导进一步重视古典文学（详见下一章）。换言之，哈佛大学似乎是在追随耶鲁大学（Yale University），作为后卫部队，发起了抵制现代教育理念的行动，而这场行动注定是要失败的。对昆西而言，"教育很重要的一部分关乎如何得体地着装和社会交往……他希望学生成为'思想高尚、操守高洁、行为正派、富有涵养'的绅士……就像他自己一样——成为波士顿商界的完美成员。"① 对很多人来说，哈佛大学似乎是磨炼顺从性的熔炉，或仅仅是"富人私人所有的避难所"，而不是创造力的温床或通向更丰富经验的通道。② 哈佛大学注重财富，这将会导致知识面愈发狭窄，反过来又导致更加注重财富的做法。爱默生认为真正的教育应该有改造作用，

---

① 参见 Kenneth S. Sacks, *Understanding Emerson："The American Scholar" and His Struggle for Self-Reliance*（Princeton：Princeton University Press, 2003），38. 其中引文来自昆西之子。

② Ibid., p. 41.

但从这所学校的精英们所制定的狭隘的成功之路来看，几乎不可能有这种教育。① 具备改造作用的教育不只是为了灌输知识，或谋求科学进步，而是发展自我，拥有更开阔的思想，去体验世界，并富有创造性地回应世界。

爱默生在他的著作和演说中多次提到"美国学者"这一概念，但他的《论自立》最为详尽地阐述了他的理念，阐述了教育、"会思考的人"和自由之间的关系。《论自立》中开头以一段诗作为引言，接着写道："前几天我读了几篇诗作，……"通篇的主要内容是关于我们如何通过阅读等方式接纳诸多组成世界的不同生存环境，而不仅仅是反映世界。爱默生希望我们"立足于自己的双脚"，而不是与世隔绝或愚昧无知。他写道："前几天我读了一位著名画家的几篇诗作，作品新意独到而不流于俗套。"② 对爱默生而言，这些诗蕴含了"潜在的坚定信仰"，这也是为什么他会做出如下回应："在天才的每一个作品中，我们都能找到被我们摒弃了的想法，再次与之相会显得疏远而又威严。"③ 我们不想模仿这些天才的作品；从爱默生的角度看，我们应该从作品的威严中找到自己的某一面。这样做的目的就是学会尊重自己的能力，而不仅仅是欣赏表面上的卓越之处。"每个人在接受教育的过程中，总有一天会认识到：嫉妒是无知的表现，模仿无异于自杀；他必须接受自

---

① 参见 Kenneth S. Sacks, *Understanding Emerson*: *"The American Scholar" and His Struggle for Self-Reliance* (Princeton: Princeton University Press, 2003), 41. 其中引文来自昆西之子。

② Ralph Waldo Emerson, "Self-Reliance," *in Selected Writings of Emerson*, ed. Donald Mc-Quade (New York: Modern Library, 1981), 129.

③ Ibid. .

己，无论好坏；虽然广阔的世界里不乏善举，可是若不在自己的那一片土地上辛勤耕耘，香喷喷的玉米粒决不会自动送上门来。"教育是关键。爱默生承认需要有人指引我们。但是，如果我们不摒弃"教育即模仿"这一观念，对"我们自身的一部分能力"没信心，那么我们就永远不会了解自己，不会认识到我们与世界其他地方相联系的方式。他写道："相信自己，每颗心都能与真理产生共鸣。"①《论自立》探究了我们应如何相信自己，如何独立自主，如何接受自己所处的社会（而不是依赖社会），如何接受世间万物（而不是沦为万物的奴隶）。对爱默生而言，教育的核心就是调解其中的各种冲突关系。

对爱默生而言，自立的对立面就是顺从，他在文中多次告诫了顺从性的危害。顺从性是随处可见的敌人，当你一味追寻他人的认可，就很难寻找到自我。模仿的乐趣诱人而微妙，甚至那些标新立异者可能也只是模仿某个叛逆的原型而已。这种现象在大学生中由来已久，但并不是大学所特有的现象。那些自认为是为了保持气节归隐丛林的隐士，无论是爱默生的朋友梭罗还是一些崇尚回归自然的大学生，他们可能仍然孤独地抱着对美德的妄想。"置身于尘世中，附和世人的观点很容易；依照自己的想法离群索居也不难，但身处喧嚣还能尽善尽美地保持遗世独立的个性，却只有伟人才能做得到。"②

---

① Ralph Waldo Emerson, "Self-Reliance," *in Selected Writings of Emerson*, ed. Donald Mc-Quade (New York: Modern Library, 1981), 130.

② Ibid., p. 134.

"尽善尽美地保持遗世独立的个性"，却不抛弃真正的社会体验——友谊、学习和合作——这就是自立的目标。教育与这个目标有什么关系呢？从一般意义上看，社会上的声音总是"企图摧垮人的勇气"，我们必须学会不被这些声音击垮。"任何名副其实的真正的人决不会是墨守成规的人。"① 但是，顺从性可以有很多形式，因为我们可以依附的派别很多。了解并加入这些不同派别会有什么危害呢？爱默生写道："这种顺从性迫使他们不仅仅在一些细节上弄虚作假，编造谎言，而且在所有事情上都弄虚作假。他们的每一条真理都算不上是真理。"②

除了社会压力迫使人们顺从，爱默生强调压力还来自墨守成规的我们自己。他写道："另一个使我们感到恐惧并缺乏自信的因素就是我们总是随俗随众。"③ 别人对我们抱有期望，我们也不愿让他们感到失望。于是，在很长一段时间，他都将"相信自己"和沦为众生一员加以区别。"愚蠢地追求始终如一是心胸狭隘的表现……盲目地坚持始终如一原则，即便拥有伟大的灵魂也无济于事。"④ 明天的自己可能和昨日的自己有所不同，因此我们不应该相信某种稳定的实物，应该敞开心扉，获取不同的经验。洛克关于自我的启蒙观强调：自我不是神圣且一成不变的存在，而是感觉和记忆的产物。爱默生批判记忆的暴虐——我们

---

① Ralph Waldo Emerson, "Self-Reliance," *in Selected Writings of Emerson*, ed. Donald McQuade (New York: Modern Library, 1981), 132.

② Ibid., p. 134.

③ Ibid., p. 135.

④ Ibid., p. 136.

都被记忆束缚了；他也批判忠于历史的做法。"但是，你为什么要回头看呢？为什么要拖着腐朽的记忆前行呢？难道就为了避免自己所说的话与自己在某些公众场合中说过的话自相矛盾吗？假设你说的话真的自相矛盾了，那又会怎样呢？智慧的一项标准似乎就是，永远不要只依赖记忆，而应当把过去带进现实，让成千上万双眼睛去做出评判，并且永远活在全新的一天。"① 活在全新的一天，意味着要摆脱过去的束缚。"人们变得越来越胆小怕事、唯唯诺诺，而不再堂堂正正，他们没有胆量说'我认为'或'我就是'之类的话，只是一味引述圣贤之士说过的话。面对一片青草或是盛开的玫瑰，他们都会感到惭愧。可是我窗下的玫瑰不会仰慕从前盛开的玫瑰或是比它们更美丽的玫瑰，它们只为自己而生，与上帝同在。对它们而言，没有什么时间，有的只是玫瑰。只要存在着，它们每时每刻都是尽善尽美的。"②

根据《美国学者》和《论自立》，人们参与历史是为了得到鼓舞和灵感，而不是为了模仿，不是为了挖掘历史。爱默生在上面的引文中戏谑地提及笛卡尔的"我思故我在"观点，他这样做是为了表明他自己的观点，而不是假借已故哲学家的权威。"实实在在的行动不仅解释自身，也会对一个人的其他真实行为做出解释。而墨守成规什么也

---

① Ralph Waldo Emerson, "Self-Reliance," *in Selected Writings of Emerson*, ed. Donald Mc-Quade (New York: Modern Library, 1981), 135.

② Ibid., p. 136.

说明不了。"① 爱默生补充道，在任何情况下，我们都不该把时间浪费在解释上，应该有勇气去相信自己。

但是，一个人在接受教育时，如何才能不去模仿他人，不随俗从众呢？一名优秀的教师不会想要复制自己的学生，他们教学的主要影响力来自他们的榜样力量——学习的具化表现。学习能力强的学生不会死记硬背，但必须具备刻苦的学习精神以及吸收教材纳为己有的能力。老师和学生在学习过程中可能会迷失自己，但也会找到自我，从而变得更独立更自立。

爱默生在《论自立》中传递的意思就是：要是我们能学会独立自主，那我们也能在这世间活得怡然自得。他写道："不满就是缺乏自立精神的体现，也无异于意志薄弱。"我们坚持自我，拒绝模仿，拒绝从众，拒绝无济于事的悔恨，拒绝虚张声势的批判。"倘若对灾难表示遗憾就能帮助受难者，那就遗憾吧；如果不是，那就做好分内工作，这就等于在补救祸害了。"② 一心一意做好自己的事——这是爱默生的文章所传递的中心思想。你只要专心做自己的事，就是在修复这个世界，而不是遵从这个世界。如果有太多让我们分心的事物，我们就不能认清自己要做的事。在文章结尾处，爱默生指出财产和保护财产的机构大大削弱了我们的自立精神。他很清楚美国人有多么热爱物质，知道他的同胞在商界有多么"忙碌"。但是，就像让·雅

---

① Ralph Waldo Emerson, "Self-Reliance," *in Selected Writings of Emerson*, ed. Donald Mc-Quade（New York：Modern Library, 1981）, 137.

② Ibid., p. 141.

克·卢梭（Jean-Jacques Rousseau）一样，他也认识到如果
我们沉浸在自己的资产中，就会需要得到更多保护，因而
会变得更脆弱。一心一意做自己的事并不意味着积累东西，
而是找到我们本该做的事。

　　通过教育，我们应该有机会去发现我们认为有意义的
事情，这与杰斐逊把自由和教育相结合的观念密切相关。
杰斐逊认为教育可以远离政府的暴政和惯例的束缚。先辈
们不应该去支配年轻人的抉择。学生能从知识中获益，找
到最适合自己的学习方式和要学的事情。启蒙教育让美国
这个新兴国家的年轻人变得独立自主。学习有助于他们摆
脱过去的桎梏。爱默生在杰斐逊思想的基础上，强调顺从
性在知识传播过程中的危害。但是，探讨自由是远远不够
的，我们还必须做到自我转变，远离模仿，避免从众。教
育要承担起双重责任：一是传播新知识；二是培养嫌恶性
思维能力（这种思维可能会影响到最先传播"启蒙"一词
的那些人的威信）。爱默生敏锐地意识到了"宣扬自立"
是个悖论。[①] 他呼吁人们不要去模仿，他也不想有人因此而
模仿他。

　　这个悖论一直是美国博雅教育的关键。我们的大学应
该具有权威性和创新性，开展研究工作，生产知识，将知
识传播给尽可能多的人。杰斐逊认为，这样一来，学生在
成为积极公民的过程中就会得到更多自由。但是，我们的

---

① Ralph Waldo Emerson, "Self-Reliance," *in Selected Writings of Emerson*, ed. Donald Mc-Quade (New York: Modern Library, 1981), 142.

大学也应该保护辩证性思维，因为这种辩证性思维会动摇大多数人对所得知识的信仰。受教育者反对墨守成规，旨在认识自我，发现最有意义的事，而不只是接受传递到他们手中的事物，即使它们来自最著名的学者。自 19 世纪以来，大学不仅是提供研究的堡垒，而且是培养嫌恶性思维能力和实现个人改造的场所，两者之间的紧张关系一直是博雅教育的核心。这种紧张关系是本章提及的那些思想者留给我们的精神遗产。我们不应该企图去消除这种冲突，也不应该试图将学习归为狭隘的职业技能训练。正是美国高等教育中的这种紧张关系，让大学成为美国文化生活中最具活力的一部分。在下一章中，我们将讨论这种紧张关系在过去一百年里的表现形式。

第二章 实用主义：从自立到认同

杰斐逊和爱默生为美国博雅教育确立了崇高的理想。学习让人享有自主权和公民权。学习让人摆脱从众心理，有助于人们停止一味模仿，为人们开辟通往本真的道路。最终，教育能够让我们有机会找到自己认为有意义的职业。然而，对杰斐逊和爱默生而言，他们的教育观主要关乎来自上层阶级家庭的学生，或一些中产阶级家庭的学生。如果他们能找到的岗位很可能是一些需要做体力劳动或甚至更差劲的活，那么还有没有必要讨论"找一份有意义的工作"？如果面对的是一群极度渴望脱贫的学生，还有没有必要和他们探讨公民权和批判性思维？19 世纪晚期，这些问题越发具有相关性，非洲奴隶及其后代对此极为敏感。遗憾的是，直到现在还有人会问同样的问题。

1903 年，美国最具影响力的非裔公众人物布克·T. 华盛顿（Booker T. Washington）曾抱怨道："有年轻人学外语，却很少有年轻人学木工手艺、机械制图或建筑绘图。有很多年轻人学拉丁语，却很少有年轻人想做工程师或铁匠。

学生中有太多来自农场的孩子，他们接受各种教育，却唯独不学农学。"① 华盛顿大力倡导为获得自由的奴隶及其后裔提供高度实用的教学。他出生于弗吉尼亚州的一个农场，生来为奴。美国内战爆发后，他在西弗吉尼亚州的一个煤矿上工作。从汉普顿学院毕业后，他坚信，黑人要想和白人一样成为美国社会的正式成员，就只能依靠经济上的成功。诚然，教育应该让人学会自立；但是，对华盛顿而言，自立首先是要有能力过上体面的生活。

弗吉尼亚的汉普顿学院（Hampton Institute）对布克·华盛顿的一生有着决定性影响。他16岁到这个学院求学，当时学院创始人为学院制定了明确的办学宗旨。其创始人是美国陆战队准将——塞缪尔·阿姆斯特朗（Samuel Armstrong）。他曾说："我们要做的事很明确：培养甄选出来的那些黑人青年，然后让他们走出去，在土地上耕作、收获，建立家园，由此以身作则，教导并领导他们的族人；让他们传授自力更生的能力，而不是给他们金钱；教他们尊重劳动，让他们干技术活，而不是地上的体力活，以此建立一个工业体系，这样做不仅考虑到人民的自立问题和知识性劳动问题，同时也有助于培养他们的品性。"② 知识性劳动能提高道德水平，因为人们会对自己的工作负责，做好自己分内的事。心智和心灵的独立源自经济的独立。汉普

---

① Booker T. Washington, "Industrial Education for the Negro" (1903), http：//www. teachingamericanhistory. org/library/index. asp? docLiment=62（accessed July 2013）.

② Quoted on the website of Hampton University at http：//www. hamptonu. edu/about/history. cfm（accessed July 2013）.

顿学院的前身是一个为已经获得自由的奴隶创办的庇护所，也是一个基础教育中心，不久就成为一股强大的教学力量，培养了数以百计的黑人教师，这些教师接着又去教育数以百计的儿童。学生也将学着如何靠双手谋生；作为一名教育工作者、机构创立者兼公众人物，布克·华盛顿将基础教育和职业培训相结合，成就了一番辉煌的事业。在汉普顿学院担任教师和校长后，布克·华盛顿前往亚拉巴马州创办了一个类似的机构。1881 年，他帮忙创建塔斯吉基学院（Tuskegee Institute），致力于传授教师必须掌握的基础技能以及核心学术技能。

　　布克·华盛顿不仅是塔斯吉基学院的教师，还是这个学院的主要募捐者和创建者。他在两类人中很受欢迎：一种是正在寻找脱贫之路的黑人，一种是对他的"不要求政治改变和文化改变"这一做法表示赞赏的白人。华盛顿是个"妥协迁就者"，只要能改善黑人的经济地位，他甚至愿意在法律上还没有使南方黑人摆脱从属地位的环境中工作。他不要求政府给予黑人选举权，只要求政府支持把黑人培训成手艺人和教师的做法。他不要求平等的社会地位，而是呼吁人们关注培养高素质的劳动者，他的这些主张引起了财力殷实的实业家、高尚的教育工作者甚至是总统先生的共鸣。华盛顿是美国历史上最著名的黑人，无论是南方人还是北方人都一致认为他是黑人的杰出代表。

　　然而，19 世纪末，华盛顿也受人诟病，有些人指责他迁就妥协的做法注定使黑人只能拥有二等公民的身份和地位。他们认为，除了凭借掌握一门手艺提升经济地位之外，完全享有公民权也很重要，而广泛的通识教育能够让真正意义上的公民获得思想独立。在这些评论家中，最有影响力的是威廉·爱德华·伯格哈特·杜波依斯（W. E. B. Du Bois）。杜波依斯出生于马萨诸塞州大巴灵顿，二战结束后不久，就在布克·华盛顿名声大噪之时，年轻的杜波依斯也已小有名气。身为后辈，他才智过人，拥有多个学位——毕业于费斯克大学（Fisk Univeristy）和哈佛大学，获哈佛大学哲学博士学位，是第一个获哈佛大学博士学位的非裔美国人，之后曾到柏林大学（University of Berlin）学习。他是一位古典文学教授，也是位历史学家，其著作题材多样，包括社会学作品［受到马克斯·韦伯（Max Weber）的高度赞赏］、诗歌、戏剧、小说。

杜波依斯在他最著名的著作《黑人的灵魂》（*The Souls of Black Folk*）中谨慎地指出了布克·华盛顿在创建塔斯吉基学院和实用技术教育中取得的重大成就，但他也严厉批评布克·华盛顿接受了谄媚社会和谄媚政治的做法；在他看来，这种做法诋毁了对黑人开展的广泛的博雅教育。杜波依斯强调，美国南部白人害怕受过教育的黑人："美国南部白人的害怕并非毫无道理；因为对各族人民的教育总会带来危险与变革的因素，不满与不平的因素，过去会，将来也会。然而，人类还是要不断探索知识。"[1] 弗雷德里克·道格拉斯强调，人们要像追求自由一样追求知识，而

---

[1] W. E. B. Du Bois, The Souls of Black Folk (New York: Tribeca Books, 2013), 19.

教育机构应致力于激发人们对知识的渴望——而不只是把知识囿于围墙之内。

　　布克·华盛顿意识到美国人渴望获得物质成功，想通过提高非裔美国人获得经济成功的能力为他们谋求进步。与之相反，杜波依斯强调政治平等、公民平等以及因材施教。本书无意深究这两位黑人领袖之间的争论，只是强调杜波依斯如何在提倡广泛的博雅教育的同时吸收杰斐逊和爱默生推广的自由和自立的传统。这是因为教育是导致这两位黑人领袖产生分歧的核心问题。杜波依斯并不认同他所看到的一切，认为是其竞争对手反智的表现。而华盛顿写道："仅仅灌输抽象知识没什么意义，我们想要的不只是思想训练的绩效。我们必须将知识运用在现实生活中的事物上。"虽然杜波依斯不反对这个观点，但他想扩大"现实生活中的事物"这一表述的所指范围，这样一来，追求幸福就不会被简单地认为只是追求财富。"大学不单单是教人养家糊口，为公立学校提供师资，或是成为上流社会的中心。首先，大学应该是能对现实生活和不断增长的生活常识之间的关系进行微调的机制，文明的秘密正在于此。"①

　　杜波依斯清醒地意识到，在种族不平等的压迫社会中，很难实现对生活与知识进行"微调"，甚至在奴隶解放后的社会中还有很多黑人没能接受最基本的教育。他坚信教育是通往自由之路，但他也承认如下事实：不同的人对受教育机会的需求有所不同。"如果真是这样，要是有人问，对一个、

---

① W. E. B. Du Bois, *The Souls of Black Folk* (New York: Tribeca Books, 2013), 47.

七个、六千万个灵魂来说，什么是最好的教育？这是一个多么愚蠢的问题啊！我们是教他们手艺还是教他们人文科学？都应该，也都不该：教劳动者如何劳动，教思想者如何思考；将木匠造就成木匠，将哲学家造就成哲学家，让傻瓜就做傻瓜；但我们也不能就此停滞不前。我们培养的不是一个个孤立的人，而是一群活跃的人，——不，是一个群体中的一群人。我们最终培养出的产物，肯定既不是一位心理学家，也不是一名泥水匠，而是一个人。"①

教育的目的是促进人类的发展与自由，而不是把一个人塑造成能完成某个特定工作的人，否则与奴隶制有何区别？奴隶的后代需要接受教育；内战结束后的几十年里，数以千计的黑人教师接受了大学教育，毕业后足迹遍布南部诸州。20世纪初，所有黑人教育都强调手艺教育和商业教育，杜波依斯认为这样做毫无意义："如果美国白人需要大学培养教师、律师、医生，难道美国黑人就不需要吗？"②

杜波依斯从自己的亲身经历出发，全力支持黑人教育。但这并不意味着他期望成千上万的黑人都以他为榜样去哈佛大学和柏林大学学习古典文学、历史学和哲学。正因如此，和美国建国初期的杰斐逊一样，他强调"对年轻人的教育要因材施教"。有一些人在学会读书写字之后就去做手艺或务农；有一些人则施展才华，努力深造，创造更多知识。杜波依斯把后者称为"有才能的十分之一"，他们是黑

---

① W. E. B. Du Bois, The Souls of Black Folk (New York: Tribeca Books, 2013), 48.
② Ibid., p. 58.

人种族的领袖，能以身作则给族人灌输荣誉感，激励他们超越所谓的极限。只要这些"有才能的十分之一"黑人获得基本平等权（使竞争可行的首要条件），他们就能与所有人一较高下。但是，杜波依斯更感兴趣的不是这些黑人精英分子在白人世界中的竞争力，而是他们"有能力引导大众避免受到该种族以及其他种族中的败类所带来的污染和毁灭"①。"有才能的十分之一"黑人应该接受广博的大学教育，这样一来，他们就不会误把经济优势当作文化进步："不是所有人都能上大学，但有一部分人必须上大学。每个分离的团体、分离的民族都必须有自己的'酵母'，必须为少数有才能的人建立培训中心。在中心里，他们不必为了生存去从事繁重的劳役，以致头昏眼花，以致除了果腹别无更高追求，以致崇拜金子胜过崇拜上帝。"② 这些精英应该参与到知识的传播与创造中，使他们能够去提醒别人生活不应该只有"万能的"金钱。

杜波依斯借鉴爱默生提出的嫌恶性思维，提出"黑人精英（a black elite）"这一概念，100 多年来这一概念对美国非裔公共知识分子的"双重意识（double - consciousness）"产生了重大影响。③杜波依斯是一位勇敢而又尖锐

---

① Quotations from "The Talented Tenth," http：//www. yale. edu/glc/ hive/1148. htm（accessed June 2013）.

② Ibid..

③ 关于此影响的深刻思考，参见 Robert Gooding-Williams, *In the Shadow of Du Bois*：*Afro-Modern Political Thought in America*（Cambridge, Mass.：Harvard University Press, 2009）.关于华盛顿和杜波依斯间的争论，请看第 90~94 页。还可见于大卫·利弗林·路易斯（David Levering Lewis）写的关于杜波依斯的那些传记，尤其是 *W. E. B. Du Bois*：*Biography of a Race*, 1868~1919（New York：Holt, 1994），405~407.

的美国种族主义批评家，和弗雷德里克·道格拉斯一样，他坚信，教育是和种族歧视做斗争的关键。但是，如果说教育只是让黑人像白人那样认为成功只意味着一味追求物质利益而忽视对世界和同伴的深入了解，那么杜波依斯宁愿不要有教育。"如果我们以赚钱为人类教育的目标，那我们培养出的将是'会赚钱的人'，而未必是人；如果我们以技术专长为教育目标，那我们可能拥有的是工匠，而并非实质意义上的人。我们只有在以彰显人性为学校工作的目标时，即只有在将智慧、博大的同情心、对世界的过去与现在的了解以及对人与世界的关系的认识等作为学校工作的目标时，我们才能够得到人。在此基础上，我们可以传授谋生之计，训练手的熟练度和脑的灵活度，而不用担心受教育的孩子和成人是否会错误地把生活之手段当成生活之目标。"①

这一爱默生式言论在此让人觉得振聋发聩，在工业化迅猛发展和财富崇拜的历史阶段，对那些将"生活之手段与生活之目标"混淆起来的人来说，这番批评显得尤为重要。杜波依斯不希望他所谓的"有才能的十分之一"黑人像现在的人追求高盛集团的实习生名额那样，也不希望他们立志成为汉普顿镇或马里布社区中的酷炫成员。一味顺从白人至上的美国社会的做法，即使成功了，也只会导致人才堕落。杜波依斯说过如下一段话，至今听起来依然准

---

① "The Talented Tenth," http://www. yale. edu/glc/ hive/1148. htm（accessed June 2013）. 第一段。

确：“展望成功而被冲昏头脑的工业主义者只是凭想象以为他们的工作能得以完成，而根本不需要为受过广博的文化教育的人训练做准备，把他们训练成教师的教师，以此类推又培养出公立学校的教师。”①

　　“受过广博的文化教育的人”指那些受过高等教育的人。大学将向学生敞开知识世界的大门。对那些在大学里工作的人来说，它就是个创造新知识的安全之地。和爱默生一样，杜波依斯也希望真正的教育能摆脱工业化浪潮和商业化浪潮的束缚——这种潮流越来越明显地影响了美国文化。但是，与爱默生不同，杜波依斯希望受过良好教育的精英能够承担起引导人民和拯救人民的职责。“教育不能只是教人如何工作——教育必须教人学会如何生活。必须使黑人种族中‘有才能的十分之一’黑人成为该种族的思想领袖及文化传教士。除了他们，没人能胜任这项工作，因此黑人大学必须为之培养人才。跟其它任何民族一样，黑人种族将由本民族的优秀人才来拯救。”②

　　如果说高等教育使人获得自由，那么它也使人承担起重大的责任。在杜波依斯看来，大学不仅造就了自立的学者，还培养了立志拯救兄弟姐妹的传教士或文化群落。杜波依斯在费斯克大学、哈佛大学和柏林大学念书时，大学正经历巨变。费斯克大学位于纳什维尔，起初用以教育获

---

　　①　“The Talented Tenth，”http：//www. yale. edu/glc/ hive/1148. htm （accessed June 2013）. 第一段。

　　②　“The Talented Tenth，”http：//www. yale. edu/glc/ hive/1148. htm （accessed June 2013）. 最后几句。

得自由的黑奴。1885 年，费斯克大学创立才 20 年，16 岁的杜波依斯就在那儿开始读本科。杜波依斯是被大巴灵顿的政府官员选送到费斯克大学就读的——大巴灵顿是马萨诸塞州西部地区的一个小城镇，镇上只居住着几十户黑人家庭。当地领导发现杜波依斯很有才能，于是在他成为孤儿后安排他前往南方继续学习。杜波依斯在学业方面做好了充分准备，但是，当他发现美国非裔文化和南方的白人对黑人进行压迫这一现实状况时，很是震惊。他打了好几份工才勉强维持生计。在乡下教书时，他越发意识到，美国重建结束后，黑人权利受到暴力镇压。虽然白人至上主义的暴行也许还没成为课堂中的教学内容，但杜波依斯对此永生难忘。此外，杜波依斯在费斯克大学也体验到了已获自由的黑人中存在的那种充满活力的文化，与他的新英格兰出身背景形成鲜明的对比。对此，他也将铭记一生。

三年后，杜波依斯从费斯克大学毕业，回到马萨诸塞州，就读哈佛大学。在那里，他又拿到一个学士学位。哈佛大学当时虽然已有 200 多年历史，但也是不久之前才采取了一些激进的改革措施。这些改变的倡导者是查尔斯·威廉·艾略特（Charles William Eliot），1869 年担任哈佛大学校长。当时杜波依斯的这个母校仍致力于塑造美国商业精英和专业精英后裔的个性，使他们更加富有修养。但是，这一切很快将有所改变。艾略特任校长期间，将坐落于坎布里奇的哈佛大学发展成为一所现代研究型大学。过去这所大学只是强调通过制定各项要求和派出优质的导师来帮助孩子长大成人。相反，选修课制度让学生有机会参加一些高级研讨会，接下来还可能有机会接受专业培训。与个性培养相比，科研才是王道。[①]

很难说哈佛大学走在创新前沿，但在艾略特的领导下，哈佛大学实行了本科课程的自由化，开设了高度结构化的专业学位和高等学位，结果导致常春藤联盟中出现了重大裂痕。19 世纪末，普林斯顿大学（Princeton University）校长詹姆斯·麦克考什（James McCosh）成为艾略特的主要对手。普林斯顿大学相信，大学生在大学前两年应该接受学业指导。博雅教育旨在让学生接触一些学习传统，并且只有当学生遵循了这些传统，学校才会允许他们自行制定学习规划。而在艾略特的领导下，哈佛大学支持选课自由。他表示，能进入哈佛大学的学生都很睿智，很成熟，完全有能力开启自己的知识之旅。就此而言，他和杰斐逊创办弗吉尼亚大学的理念更为接近。除了必修的写作课，如果大学生学有余力，就可以去追随或发展自己的爱好，而不是一味追求某种职业的实用技能或获得一组特定的实用技能。在大学里，学生应该是"出于对某些课程的热爱而充满激情地去学习，而不是为了某个将来的目标才去学习"[②]。

对杜波依斯而言，哈佛大学拥有理想的学习环境。在

---

① Louis Menand, *The Marketplace of Ideas*: *Reform and Resistance in the American University* (New York: Norton, 2010), 44.

② Ibid. , p. 49, 引自《大西洋月刊》中艾略特的一篇文章。也可见 Andrew Delbanco, *College*: *What It Was*, *Is and Should Be* (Princeton: Princeton University Press, 2012), 83–85.

坎布里奇，他追随自己的激情学习哲学。他在自传里提到，他在那儿得到了很多特别待遇。他和威廉·詹姆斯成了朋友，并深受其思想影响。乔赛亚·罗伊斯（Josiah Royce）是他的导师；他还和乔治·桑塔耶拿（George Santayana）一起在哈佛大学图书馆的二楼阅读过康德的《批判》系列丛书。杜波依斯成绩优异，大大超过了他的白皮肤本科大学同学。在那儿他学到了大学教育的精髓，或许早在纳什维尔的费斯克大学他就已经学完了年青一代的白人所需要学习的全部课程。杜波依斯完成了为拿到哈佛大学文学学士学位所需的学业，学校为他和他的同学们举行庆祝会，在毕业典礼上他发表了一个激动人心的演讲。也许有人会说他是个生活在梦里的人，更准确地说，他是个有使命感的人。

为了完成使命，他下一阶段的任务是取得知识成就的最高级别证书——学术型博士学位。由于艾略特的改革，这种认证之前已得到很大发展。如果说学生在本科阶段还有自由可言，那么，到了研究生阶段，学生则必须进行严格的规划，明确自己追求的到底是科研能力还是实践性专业技能。过去，哈佛学生只要在医学院和法学院两者之间做出选择，而不是攻读本科学位。在 20 世纪最后几十年里，学士学位成为从事专业研究的前提，而博士学位（现在的人只有在获得学士学位后才能攻读）则成为是否具备大学任教资格的认证标准。这意味着大学教师将变得专业化，而指导研究生工作的认证则是最高学术造诣的象征。

传统大学注重塑造本科生的品格，而研究型大学重在培养专业型人才，越来越多传统大学发现它们在研究型大学面前相形见绌。

美国从德国引进的研究型大学这一新型模式效果显著。德国的研讨会成为研究性学习的最佳形式，而美国也渴望引进这种教学模式。随着拿破仑时期的到来，德国进行了大学改革，既不效力于国家，也不效力于教会，而是效力于科学，效力于科学知识，这意味着大学必须是自由探索的堡垒。创办大学不仅仅是为了学生，为了促进学习，也不仅仅是为了培养有责任心的民族和人民。现代大学旨在创造新知识，而落实的办法就是要推动研究。我们将在下一章中讨论这个任务以及它与博雅教育之间的紧张关系。

按照从德国引进的研究型大学模式，美国对国内一些最早创办的学校进行了改革，并创办了一些新学校。约翰斯·霍普金斯大学（The Johns Hopkins University）成立于1876年，是美国第一所研究型大学（不接收本科生），当时该校教职工都前往德国接受过培训，为美国带来了严谨的科研风气。这所大学不注重品格培养——人们期望的是能发表的成果！其他学校纷纷效仿。杜波依斯想把培养思想与解决种族问题的历史途径结合起来，他知道他在德国的学习经历将会拓宽他的研究视野，以及作为一个学者的前景。于是，他瞄准了柏林大学，因为正是这所大学使德国在国际学术界具有深刻而广泛的影响。杜波依斯当时没钱，于是向美国前总统拉瑟福德·伯查德·海斯（Rutherford B. Hayes）求助。但是，作为斯特莱默基金会理事长，这位前总统抱怨说资助黑人赴欧求学不值得。最初杜波依斯遭到了拒绝，但他不屈不挠，最终获得资助和贷款，这才使他能够在柏林这个新社会科学的熔炉里继续深造。

不在美国的生活让杜波依斯对美国有了不同的看法："（在德国）我发现自己是在美国之外看美国。我身边的人都是白人——学生、熟人和老师——他们和我一同在观察美国。他们看到我，不会觉得我是个稀奇之物，不会驻足观望，也不认为我是次等人；我只是个享有一些特权的学生。"① 他的兴趣开始转向政治经济学，主要对政治学和工业化进行历史研究。当时德国的社会科学刚刚起步，他的导师让他相信严谨的社会科学研究将会带来巨大的社会变革和政策革新。早在杜波依斯赴德之前的十多年里，德国已经发生了巨大的变革，开始成为一个社会福利国家。柏林大学不仅仅培养研究型专家；在这位年轻的美国人看来，德国正在培养能为改造社会做出重大贡献的知识分子。② 杜波依斯多年后回忆："如果没去德国，我可能已被禁锢在一个充满种族歧视的国家，变得傲慢而又偏狭。"③许多美国大学都采取了德国对政治科学、历史学以及即将成为社会

---

① Du Bois' autobiography, quoted by Sieglinde Lemke, "Berlin and Boundaries: *Sollen versus Geschehen*," *Boundary* 227, No. 3（2000）: 51.

② 当杜波依斯阐述成为一名活动家兼学者的可能性时，古斯塔夫·施穆勒（Gustav Schmoller）对他有至关重要的作用。Kenneth D. Barkin, "'Berlin Days,' 1892-1894: W. E. B. Du Bois and German Political Economy," *Boundary* 227, No. 3（2000）: 79-101.

③ Ibid., 引自 W. E. B. Du Bois, "My Evolving Program for Negro Freedom," in *What the Negro Wants*. 这是巴尔金那篇文章的题词。

学新领域的学科所采取的研究模式。美国学者对德国严谨的研究方法和有力的实证研究结果印象深刻。至于杜波依斯，他在德国社会科学领域发现了一种"导入性研究"模式，后来他用这一模式挑战他之前就发誓要加以反抗的种族主义组织。

虽然杜波依斯从事的是研究生专业培养，但是，在其漫长生涯中，为了捍卫博雅教育，他不断反击那些认为博雅教育不切实际的人。20世纪初，他曾在汉普顿学院做过一次讲座，他哀叹道："我们总是习惯性地强调实用性，这会把苏格拉底变成笨蛋，把耶稣变成怪人。"① 在一个专为黑人开设的工业学习中心，杜波依斯提出该中心的教育理念根本就是错误的，有太大的局限性。教育的重要性不在于学校开设了多少课程，而在于要理解到教育目标应超越大学本身。杜波依斯对此发起挑战："大学高等教育旨在开发能力，塑造自我，而这些人的公正主张将对伟大的文明目标具有重大意义。另外，技术培训旨在让学生能够以某种独特的方式掌握现有的谋生手段……我们必须培训年青一代，让他们充满力量，富有思想，训练有素，趣味高雅，让他们成为掌握文明的发展方向并知晓其意义所在的人。"②

虽然杜波依斯说这是由经济原因造成的，并非是因为学生的能力有差异，但他也认识到并非人人都能接受这种

---

① W. E. B. Du Bois, *The Education of Black People*: *Ten Critiques*, 1906–1960, ed. Herbert Aptheker (Amherst: University of Massachusetts Press, 1973), 12.

② Ibid., pp. 14–15.

教育。然而，他很清楚地知道，"最理想的情况是，让所有人都能接受这种教育，朝我们的理想发展。"① 杜波依斯经历了费斯克大学、哈佛大学和柏林大学的不同办学模式，十分了解博雅教育的核心价值。他非常清楚专业研究型大学的魅力所在，但他对博雅教育在能力建设和权利提升方面的作用孜孜以求，不懈努力。在其著作中，他表明自己完全有能力扮演在扩大知识领域方面有所作为的专家和社会科学家的角色。但是，专业知识技能以博雅教育为基础，而不是博雅教育的替代品。和杰斐逊、爱默生一样，杜波依斯也认为广博的教育与自我肯定之间、自由与自立之间有着密切的联系。但是，杰斐逊和爱默生强调个人自由，而杜波依斯则在此基础上进一步强调深刻的社会联系。我们不应该蔑视技术竞争力；但是，博雅教育能让公民发现自己身上的人性以及将人性付诸行动所产生的力量，因此，我们同样不能蔑视这种教育形式。

作为在伯克郡长大的非裔美国人，或者说作为田纳西州的一个天真的年轻大学生，杜波依斯原本最不可能成为重振博雅教育理想的人选。然而，杜波依斯是在重建后的美国成长起来的黑人，在美国对工业革命沾沾自喜的时期曾经抵制过工业化这头大噬兽。因此，当美国各城市掀起改革之风，当实用主义开始在各个美国大学流行开来，他的心智变得成熟了。然而，在简·亚当斯（Jane Addams）

---

① W. E. B. Du Bois, *The Education of Black People*: *Ten Critiques*, 1906-1960, ed. Herbert Aptheker（Amherst: University of Massachusetts Press, 1973），14-15.

身上，这两种趋势在其智识和政治立场上都有体现，现在让我们了解一下这个楷模人物。

　　和杜波依斯一样，简·亚当斯在美国内战的阴影中长大。她的父亲约翰是伊利诺伊州共和党创始人之一。成年后，她开始推崇林肯精神。年轻时，她想报考史密斯女子学院——一个允许女性接受博雅教育的堡垒，她想在那儿开始自己的从医之路。但她的父亲另有打算，坚持让她考罗克福德女子神学院。毫无疑问，她在罗克福德女子神学院的几年里也茁壮成长了，但这所学校致力于培养传教士，而她早已确定那不是她要走的人生道路。于是，她下定决心要到史密斯女子学院继续接受教育，毕业后从事有益于社会的职业。尽管如此，她在神学院还是学习很刻苦，成绩一流，并全身心投入到学院的学术活动中。然而，尽管她聪慧过人，父亲还是坚决让她走他所谓的那条女孩子该走的道路。1881年，简·亚当斯毕业，父亲并不支持她继续苦苦追求学业，认为她应该安心去做一些与家庭有关的、更适合女性的事情。

　　简的父亲在她毕业那年的夏天因急性阑尾炎溘然长逝；顷刻间，她仿佛被置身于波涛汹涌的大海，没有了前行的方向，自由、责任和不确定性海浪般向她袭来。她还要照顾一个年轻的亲戚，但她也因此获得了经济独立。父亲再也不会妨碍她继续学习了，可她却似乎无法向前了。她在诸多选择面前寸步难行，突然对自己的人生道路拿捏不定，人也变得越来越浮躁。1882年，她崩溃了，经诊断是精神错乱。著名神经病科医师西拉斯·威尔·米切尔（S. Weir Mitchell）给出的处方简单却苛刻：多休息，不要让身体或大脑受刺激；还有一张道德处方——不要再这么自私。这种疗法符合主流文化模式，接受治疗的压力可想而知。①

事实证明，简·亚当斯的内心比攻击她的那股墨守成规的文化力量更为强大。她继续进修深造，不过不是去史密斯女子学院。相反，她去欧洲旅行，在那儿踏上了学习音乐、艺术和历史的道路。这的确是一个得天独厚的学习方式。她的物质财富难以让她摆脱严重的抑郁症，但是，不知怎的，她在旅途中找到了她毕生的事业：真正地去聆听穷人的心声，帮助他们。这份事业不仅有精神病治疗法与基督教对19世纪末的女性所要求的自我奉献精神，也是一个能激发其知识野心和社会野心的公共项目。通过服务他人，她摆脱了抑郁症。② 1889年她创立了赫尔之家（Hull House）。在这个"安居会"里，受过良好教育的女性们住在贫困家庭（通常是外来移民家庭）中，为他们提供教育机会和文化熏陶。她一直强调自己和社区居民一起工作，互相学习。他们齐心协力建设一个社区。她的模式是互帮互助、协同合作，这种不抵抗主义形式利用了她在阅读托尔斯泰作品时再发现的基督教精神。这些想法也让她变得不再狭隘、骄横和野心勃勃，与她的神经病科医师在她患

---

① See Louise W. Knight, *Jane Addams*: *Spirit in Action*（New York: Norton, 2010），41: "This is how culture persuades a strong mind to give its efforts to think for itself."（"这就是文化说服一颗强大的心努力自己思考的方法。"）

② Jean Bethke Elshtain, "A Return to Hull-House: Taking the Measure of an Extraordinary Life," in *The Jane Addams Reader*, ed. Jean Bethke Elshtain（New York: Basic, 2002），xxiv.

病期间所给的建议十分相符。

　　赫尔之家的工作是否野心勃勃，众说纷纭，但它无疑对美国产生了重大影响："1895—1930 年，几乎每一次改革多多少少都和简·亚当斯这个名字有关。"①虽然她在第一次世界大战期间以和平主义者的身份被泰迪·罗斯福②（Teddy Roosevelt）称作"美国最危险的女人"，以破坏分子的罪名追捕她，但她曾一度成为美国最受爱戴的女性。她为地区、国家乃至国际社会做出了重大贡献，获过许多奖项，包括诺贝尔奖。

　　在她的观点中，有两点对美国博雅教育的理想尤为适用。第一点是"准备的陷阱"，这一概念出自她在《赫尔之家二十年》（*Twenty Years at Hull House*）（1910）中描述过的一次经历。据她自己描述，她在东伦敦区目睹了一个贫困的惨状，当时她的脑子避而不作思考。她回避就在她眼前的苦难，却不知不觉想起了这么一个信息：有一回作家托马斯·德·昆西（Thomas De Quincey）看到一对夫妻危在旦夕，却一直没能向他们发出警告，直到他脑子里出现《伊利亚特》（*Iliad*）中阿喀琉斯的那句警告语。她面对眼前的严峻局势，没做任何反应，而是在想为什么托马斯·德·昆西没有在第一时间对当时他眼前的情形做出反应。由此可见，教育使人产生逃避心理；对《伊利亚特》和

──────────

① Jean Bethke Elshtain, "A Return to Hull-House: Taking the Measure of an Extraordinary Life," in *The Jane Addams Reader*, ed. Jean Bethke Elshtain (New York: Basic, 2002), 30.

② 译者注：西奥多·罗斯福（1858 年 10 月 27 日—1919 年 1 月 6 日），又译狄奥多·罗斯福，人称老罗斯福，昵称泰迪（Teddy），美国军事家、政治家、外交家，第 26 任美国总统。

德·昆西的了解反倒成了采取行动的绊脚石。难道我们一直都是"往脑子里塞文学作品"，而不是应对"眼前的大局"？她开始相信："对年轻女性的现代教育完全只是帮助她们形成获取知识和仅仅接受印象的能力；在'受教育'的某一阶段中，她们失去了人类出于同情心应该有的简单而又本能的反应，失去了面对苦难和无助时应当遵循的传统美德；她们受庇护，被宠爱，根本无须做任何'意义重大的拒绝表示'。"①

这可能就是我们如今所说的"高级问题"。简·亚当斯的欧洲之行无疑拓宽了她的教育之路，经济独立也使她有能力去这么做。但她意识到（之前她看了一场斗牛比赛，并为之深深着迷，而且做了一番冷静的"研究"）她所受的教育不再是为生活做准备，而是成了生活的替代品。"我们一不小心就会被递延目的给利用了"，她在回顾中写道。这一觉悟让她通过在这个社区里工作继续得到教育——而不是准备又准备了之后才去这样做。我们可能会注意到现代博雅教育经常设法通过将传统学校里的教育和校外的实习相结合来击垮递延目的。不管"服务性学习""公民参与项目"还是"社区伙伴合作项目"，都可以被视为对简·亚当斯［和托尔斯泰（Tolstoy）一样］所谓的"准备陷阱"——基于专业知识的惰性——所做出的回应。

简·亚当斯的另一个观点是"深情诠释"（affectionate

---

① Jane Addams, "The Snare of Preparation," in *Jane Addams Reader*, ed. Jean Bethke Elshtain (New York：Basic, 2002)，103-104.

interpretation），这一直是对有效的博雅教育进行反思的关键。她这个表述来自她的一篇题为"当代李尔王"的演讲稿——这篇演讲稿回顾了 1894 年普尔曼大罢工。这场大罢工在很多层面上对揭示美国劳资关系具有划时代的意义。但是，对她而言，它标志着家长式作风的工业体制的血腥转型。转型前，企业老板都是一个个小统治者，知道什么东西对自己的公司（以及工人）最是有利。最早的罢工者都生活在伊利诺伊州的普尔曼镇，这个镇是普尔曼汽车公司的企业主普尔曼为满足工人的需求建造的——其实那些需求（以及工人必须为之支付的钱）完全由普尔曼决定。19 世纪 90 年代初期，金融危机爆发，普尔曼在"他自己的"这个城镇上削减工人的工资，增加工人的生活开销。于是，工人不得不罢工，对美国周边的铁路系统发起全面抵制，但最终联邦政府出面干预，镇压了罢工，拘捕了罢工联盟的领袖。

在这些事件中，她发现不同种族的人相互之间没法沟通，这种情形让人心痛——尤其是家长式领导不能理解那些他们自以为有资格去领导的人。"［普尔曼］具备赞助人所特有的伟大而高尚的推动力……但他始终缺乏与员工之间建立淳朴的人际关系以及真诚的平等关系的能力……他和员工在一个共同的事业中却没有共同的利益……（李尔王）这么个国父与（普尔曼）这么个慈善的雇主做了那么多好事，结果却丧失了赏识受益人的能力，这难道不是很滑稽吗？难道不是因为他们太专注于推进个人的发展计划，以至于没能吸取时代给他们的重大道德教训吗？"①

简·亚当斯得到的重大道德教训是：崇尚"个人奋斗"道德观的年代已经结束；成长于 20 世纪初的新生代必须建立一个关于"相互关系与相互责任"的道德规范。②

简·亚当斯在一次演讲中实事求是地说道："我们几乎都一致认同：处于这个时代的社会中，群情激动，目的在于解放工人阶级。"显然，她把自己与演讲中提及的工人运动联系了起来，但她也明确指出：要理解国家所需的社会进步的目标，"阶级冲突"这一概念尚不够"大气"。她想要建立一个跨阶级的联盟，坚信"如果你身处一个利益共同体中，就该直面所有人"③。这是一个道德需求。在她那些思想进步的朋友（以及一代又一代的社会理论家）中，许多人都认为她这个看法过于天真，甚至过于保守。许多人对政府和企业为了捍卫财富而采取的卑劣手段表示震惊，对那些要求公平分配的人所采取的看似必要的暴力手段表示同情。她很清楚这些批判性观点，但她坚持认为异中求同是有可能的。她坚持说：只要意识到其他观点和重大利益的合理性，公正就会到来。通过"深情诠释"，实现社会进步不是不可能的。

"深情诠释"是一种富有想象力的尝试，指从他人角度看待事物，这在面对重大分歧时显得尤为重要，因为对于

---

① Jane Addams, "The Modern Lear," in *Jane Addams Reader*, ed. Jean Bethke Elshtain (New York: Basic, 2002), 168.

② Victoria Bissell Brown, *The Education of Jane Addams* (Philadelphia: University of Pennsylvania Press, 2004), 287–292.

③ Jane Addams, "The Modern Lear," in *Jane Addams Reader*, 176.

那些暴露了自身缺陷的人，我们通常动辄批评。更具挑战、
更有价值的是，要设法去理解为什么我们眼里的缺陷在别
人眼里有可能是意义重大的。对她而言，教育不光要让我
们更擅长于提防那些和我们有不同盘算的人，还应增强我
们换位思考的意识以及配合他人的能力："一个有修养的人
是指能利用其社交能力和解释力的人，能设身处地为他人
的想法和经历着想的人。"①

　　简·亚当斯经过一番深思熟虑，拒绝在政治、种族以
及教育的立场上"一意孤行"，这一拒绝的态度对博雅教
育这一传统在当时的美国得以兴起具有重大贡献。和杜波
依斯一样，她的工作宗旨是用社会责任感和公民参与意识
进一步强调个人自主和思想独立。这些要素需要依靠同情
与忠诚去超越个人主义。杜波依斯告诫那些受过教育的精
英（即"有才能的十分之一"黑人）有责任去"提升"黑
人的等级。她期望教育的力量能和社会目标的一致性联系
起来。她也认为教育和社会目标相关，在她看来，这种相
关性源于对同情心的培养。教育不应该导致"准备的陷
阱"，而应该促成个体参与向集体参与的转变并支持社会进
步。在她看来，人在与人交往的过程中得以学习。如果我
们不施展想象力去努力认识自己与他人之间的差别，我们
的知识和道德就会停滞不前。只有通过这种努力，我们才
有可能发现自己与那些看似和自己截然不同的人之间其实

---

① Louise W. Knight, *Jane Addams: Spirit in Action* (New York: Norton, 2010), 101.

也有共同之处。①这就解释了为什么致力于践行自由学习的教育机构更加重视多样性。②博雅教育应该会使我们不断面对一些明显的差异，使我们更能够在理解共性的同时从不同角度去理解差异。在最近 100 年，杜波依斯和简·亚当斯阐发的有立场的、移情的实用主义已经为美国教育者提供了丰富的资源。

　　实用主义是 20 世纪初美国在哲学领域做出的重大贡献，我们在讨论杜波依斯时已经提到过一个关键性人物——威廉·詹姆斯（William James，1842—1910）。詹姆斯对杜波依斯早期的智力发展具有重大影响，这位教授决心在混沌的现实中认知思考力，这个决心让他摒弃了深奥的追求，而致力于解决政治、历史、经济和种族等方面的问题。③詹姆斯从未当过简·亚当斯的老师，但很喜欢她的作品。当詹姆斯这位哲学家得知她引用他的"战争的道德等价物"这一短语来描述她为了社会改良希望煽动的热情时，他很高兴。他给她的信中写道："（这本书）让我受益匪浅，简直难以言表，它提供了新观点，摒弃了旧观点。"④

　　詹姆斯出生在内战爆发前 20 年左右，比杜波依斯和简·亚当斯年纪大。他的教育背景与众不同，因为他曾和

　　①　Jean Bethke Elshtain, "A Return to Hull-House: Taking the Measure of an Extraordinary Life," in *The Jane Addams Reader*, ed. Jean Bethke Elshtain (New York: Basic, 2002).

　　②　Michael Roth, "Why We Value Diversity," *Huffington Post*, February 23, 2012, http://www. huffingtonpost. com/rnichael-rothAvhy-we-viilue- cliversity_ b_ 1297938. html (accessed July 2013).

　　③　詹姆斯很明显避开了做教授哲学这条路，因为在这个工作领域很难养活人。

　　④　Louise W. Knight, *Jane Addams: Spirit in Action* (New York: Norton, 2010), 142.

家人先后移居日内瓦和伦敦，之后回到美国，最后又回到
欧洲学习新课程。詹姆斯的教父是爱默生，因此这个年轻
人身上似乎体现了素有"康科德圣人"之称的爱默生的劝
告——让奇思妙想引导你，不要因循守旧。除了有时会有
学画或旅行的冲动之外，詹姆斯一直对科学很感兴趣。路
易斯·梅南（Louis Menand）说得好：詹姆斯在"'每一次
情感迸发之后都会采取适当的行动。'他是个迸发点很多的
人"①。詹姆斯学会绘画之后，又前往哈佛大学医学院学习，
之后却离开学校加入了亚马孙河流经地区动物考察之旅，
后又回到医学院完成学业，从此却再也没有从医。相反，
他最终成为哈佛大学的一位比较生理学讲师。在这之前的
19 世纪 70 年代中期，他成立了美国第一所心理学实验室。
但是，当时詹姆斯开玩笑说他不是那种能长期待在实验室
工作的人。他留在了哈佛大学，却成为了一位哲学教授，
并在哲学领域做出了富有创造性的贡献。

　　不幸的是，詹姆斯从一个领域转到另一个领域的经历
并非都很愉快。他常常遭到质疑，还要与抑郁症做斗争。
他对知识很感兴趣，对人和人的思想行为很有好奇心，这
让他战胜了心理障碍。最终，他明白，欲望的刺激——而
非吃完一顿饭——才是生活的趣味所在。1870 年春天，他
阅读了法国哲学家查尔斯·雷诺维叶（Charles Renouvier）
的著作，这对他之后的智力发展以及其对教育的思考具有
决定性作用。詹姆斯不再追求哲学所具有的确定性，而是

---

① Louis Menand, *The Metaphysical Club* (New York：Farrar, Straus and Giroux, 2001), 77.

强调思考才是应对现实的方法。他意识到：我们不该把自己的愿望生搬硬套地塞到一个逻辑完备的框架中去，而应该考虑自己努力后的收获会是什么。詹姆斯读了雷诺维叶的著作之后，致力于研究我们的信仰与行为如何帮助塑造宇宙，而不是研究如何让我们的信仰和行为与宇宙大致相符。[①]拒绝确定性，强调人的能动性，这可以延伸到詹姆斯关于博雅教育的思考。学习的目的不是寻求在某种程度上与现实匹配的真理，而是掌握适应这个世界的更好的方法，而这种方法反过来对世界也很有助益。

　　1899 年，威廉·詹姆斯出版著作《对教师讲心理学和对学生讲生活理想》（*Talks to Teachers on Psychology And to Students on Some of Life's Ideals*）。该书中对学生的第二个演讲的题目是《论人身上的某个盲目性》（*On a Certain Blindness in Human Beings*）[②]。讲话伊始他就提醒听众，我们对事物的判断其实依据的是被唤起的内心感觉。不过，虽然我们常常会去评价他人，但很难去感知他人的感受。詹姆斯在题目中提到的盲目性，是指我们看不到其他人认为他们对这个世界的体验（包括他们关于我们的体验）到底有多大价值和意义。我们对自身的职责与行为的感受是"至关重要的秘密"。我们每个人对彼此而言都是外人："因此，只要去评判外人的重要性，他们的观点就会显得愚昧、有失

---

① Louis Menand, *The Metaphysical Club* (New York: Farrar, Straus and Giroux, 2001), 219-220.

② *The Writings of William James: A Comprehensive Edition*, ed. John J. McDermott (Chicago: University of Chicago Press, 1977), 629-645.

公允。只要他们试图以一种绝对的方式去评判他人的处境和理想，我们的判断就会是错误的。""虽然这对他们而言是有意义的，但对我们而言却毫无意义。""旁观者的判断必然忽视问题的根源，毫无真实可言。"

詹姆斯讲述了自己曾独自一人在北卡罗来纳州的一个山丘上散步的经历，还讲到了自己对当地居民破坏土地这一现象的看法：

> 森林已被摧毁；"加速"其消亡的一切是丑恶的，是一种溃疡，没有什么人造之美可以弥补自然之美的缺失……说说回归自然吧！我对自己如是说——当我开车经过看到这凄凉之景，我的心情很沉重……没一个现代人愿意生活在这乱砍滥伐过的荒芜之地，一天也不想待。

> 于是我问那个开车载我的登山者："到底是什么样的人把这些土地糟蹋成了新的皆伐区？"他回答说："我们所有人啊，哎，如果连种点东西的山坳也没一个，我们才不会乐意待这儿。"我马上意识到自己忽视了这一情况的整个内在意义。因为对我而言，皆伐区只代表乱砍滥伐，我认为那些拥有结实胳膊和能熟练操纵斧头的人也讲不出什么别的了……之前我没有发现他们自己关于生活状况的特定理想，正如他们定然也会忽视我的理想化状态——要是他们见到我在坎布里奇哈佛大学进行的古怪的室内学术生活方式的话。

詹姆斯跟学生说人们经常会忽视彼此，把自己囚禁于自身的经验世界里，唯一能做的就是把他人的经验（误）认为是自己的经验。他认为，只要我们认识了盲目性，"我们就有了宽容对待社会、宗教以及政治的基础。如果统治者忘记自己是有盲目性的，就会对臣民犯下愚蠢的、血淋淋的错误。"

在对学生的讲话中，詹姆斯没有谈到他是如何开始认识到自身的盲目性、如何开始认识到自己错过了多少东西，但他给出了一些建议。詹姆斯在讲述卡罗来纳州的故事时大量采用引言，写这些引言的作者描述了那些容易被我们忽视的事物的内在意义——若不是有了他们的描述，我们可能永远无法认识到这些意义。他们生动地描述了那些还没有被我们所了解的观点，我们由此得以学习。帮助我们克服或至少让我们意识到自身盲目性的不是争论，而是文学。罗伯特·路易斯·史蒂文森（Robert Louis Stevenson）讲述了一个关于几个小伙子的故事：他们漫步在一个小镇上，用夹克衫藏住了一个灯笼，没人看得到灯笼。但是，知道有人拥有如此隐秘的光要比把灯笼被隐藏起来这一事实本身更令人欣喜。史蒂文森指出：如果旁人看这些小伙子，他们会完全被蒙在鼓里，因为"诗歌秘密地流淌着"。① 詹姆斯引用了这位作家关于经验理解的观点："真

---

① *The Writings of William James: A Comprehensive Edition*, ed. John J. McDermott（Chicago: University of Chicago Press, 1977）, 633.

正的现实时时刻刻随时随地都是诗人笔下的现实：找出快乐的栖息之所，赋予它比歌声更悠扬的声音。"① 詹姆斯讲到了华兹华斯和惠特曼，也提到了他的哲学系同事乔赛亚·罗伊斯以及一些旅行者关于他们邂逅大自然的游记。他指出：不管在什么情况下，工具主义都存在局限性。他强调：我们在急于寻找活动意义的过程中确实会错过一些东西，而否则原本能让活动拥有更广泛的意义。他清楚地意识到美国人总是要去探究工作的"底线"——我们这样做到底能从中获得什么具体东西呢？归根到底，詹姆斯的实用主义本身通常与狭义的工具主义相关联，这位哲学家本人之前谈到过思想的"货币价值"。或许正是为了打破这种联系，他才提及惠特曼在纽约的漫步——这位诗人的那段有名的"懒散时光"："从最深入的观点来看，知道的真相越多，知道的也就越少，——惠特曼站在马车上，眼前的景象让他很激动，内心充满喜悦；在你看来，他的职业毫无价值可言，你内心会瞧不起他吗？"克服某个盲目性意味着克服对他人明显毫无价值的职业的偏见，意味着放开胸怀去体验快乐，去体验像惠特曼那种因"世界之存在这一奇观"而带来的"心满意足的关注"。②

詹姆斯指出：要拥有开阔的心胸，其实没什么秘诀；但是，教师更能帮助我们认识到自己没能看到、没能注意到、没能与他人的经验联系起来的那些方法。他的一个讲

---

① *The Writings of William James: A Comprehensive Edition*, ed. John J. McDermott（Chicago: University of Chicago Press, 1977）, 634.

② Ibid., p. 640.

座是关于日常生活或与自然的邂逅的"地下诗歌"。在讲座中，他举了不同的例子，旨在提醒听众可以掌握一些方法去发现之前一直被我们忽视的事物所包含的意义。教师能帮助学生意识到，如果我们从不同角度看同一个情形，就会发现不同层面的意义。换言之，教师不仅要根据特定教学任务传授技能，还要引导学生进行假设性思考，并通过独立思考找到不同解决方法，从而使生命具有重要意义。詹姆斯写道："教育开阔了我们的眼界与视野，能让我们的理想变得丰满，把新的理想带入我们的视域。"① 这是博雅教育的核心。詹姆斯所说的盲目性一直是教学中的一大威胁，它会导致唯我主义和教条主义，而不是备受爱默生与詹姆斯推崇的批判性思维。作为教师，我们发现自己（或者应该说，我们可能发现自己）能够唤醒自己去注意这种盲目性，并指出它的影响以及影响到的对象："就算我们相互之间没有积极深入的了解，最起码我们可以意识到自身的盲目性，在黑暗中多加小心，难道我们连这一点都做不到吗？难道我们就不能避免祖先留下的一些可怕的偏执和残忍吗？难道我们就不能避开针对真理的一些武断的颠覆吗？"②

詹姆斯大篇幅引用诸多作家的言语来称颂他们在那些看似无用的工作中所发现的意义，然后总结出以下戒律："我们绝对不应该动辄就去评判他人的存在形式毫无意义，

---

① *The Writings of William James: A Comprehensive Edition*, ed. John J. McDermott (Chicago: University of Chicago Press, 1977), 657.

② Ibid., p. 646.

这绝对会阻碍我们；只要他们的方式不具有危害性，即使在我们看来很是令人费解，我们也应该宽恕和尊重他人，让他们以自己的方式做自己喜欢的事，并从中获得愉悦。请勿干涉：并不是所有真相对任何观者来说都是明明白白摆在那里的，善行亦是如此。"①

对詹姆斯而言，广义的学习就是克服盲目性，去理解其他观点。他的这一观点对杜波依斯、简·亚当斯以及博雅教育这一传统在美国的兴起都至关重要。对杜波依斯和简·亚当斯而言，教育也是一个获得权利的途径。杜波依斯强调，学做一个自立的人绝不仅仅意味着学会某一门手艺，而是意味着能够自由地参与任何一个他想参与的社会活动和政治活动。对简·亚当斯而言，与教育联系在一起的是自由、参与和理想，这些是她一生努力争取的东西。她发现，通过服务与协作，参与式学习——集体学习——提供了一条通往自由的道路。站在他人的角度看问题，会比站在旁观者的角度更容易。

詹姆斯强调，如果我们要开展调查，从而引领自己走出自己所属的那些狭隘群体的舒适地带，就必须去寻找他人处境的"整体内在意义"，这一点很关键。教学不是给唱诗班传道，也不是激励信徒。我们在跨出舒适地带时，不仅会在教学中遇到一些根本没心思学习的冷漠的学生，也会发现有些人渴望得到他人的赞许和彼此认可。这样一来，

---

① *The Writings of William James: A Comprehensive Edition*, ed. John J. McDermott (Chicago: University of Chicago Press, 1977), 644-645.

我们就可以把学生教好，让他们在大学毕业后成为自己和别人的老师。这种终身学习的途径是美国博雅教育的基石。学做一名不仅渴望理解自己也渴望理解他人的公民吧，因为这是美国民主政治的基石。虽然这不是课堂里产生的唯一认识，但在一个承认参与具有多重价值——承认人人都应在世界宪法的发展中献力献策——的文化中，认识到这一点至关重要。

第三章　争议与批评

迄今为止，我们探讨了长期以来博雅教育之所以在美国拥有深厚根基的原因，也看到在努力培养这些根基的过程中相互交织在一起的关于自由、自立、进取和真理的诸多表达。然而，在培育博雅教育理念的同时，一些批评也接踵而至，有人认为教育机构其实没取得什么文化成果和社会成果。在这一章中，我们将目光投向那些斥责博雅教育收效甚微的专家学者，看看他们所说的情况是否属实。

毫无疑问，本杰明·富兰克林（Benjamin Franklin）是美国建国初期最杰出的自学者。他集技术员、发明家、企业家、哲学家于一身，对那些想在北美殖民地一展宏图的新人类而言，简直是个活广告。他少年辍学，后来去了波士顿，在他哥哥詹姆斯的印刷店里当学徒。那时，詹姆斯创办了一份独立报《新英格兰报》（*New England Courant*）。富兰克林负责该报的印刷及出版工作。这些工作为富兰克林提供了难能可贵的学习机会。但是，和现在的很多实习生一样，本杰明不甘心做一些基层工作。他想为《新英格兰报》撰稿，却被哥哥一口拒绝。于是，本杰明便以笔名"沉默的善行者"

（Mrs. Silence Dogood）投稿。很快，他寄给报社的信引起了很多人的关注，远远超过一个普通实习生会得到的关注。后来，富兰克林无法继续隐瞒身份，便告别学徒生涯，前往费城，开始了新的生活。那一年，他17岁。

富兰克林在一封署名为"沉默的善行者"的信中讽刺哈佛学院，说它是"著名的学术神学院"。他在信中写道：在决定是否把子女送到这所大学求学时，家长们考虑的是自己的经济条件，而不是孩子的能力。于是乎，在知识面前，金钱才有发言权。此外，富兰克林还批评哈佛学院的学生怠惰因循，学的大部分课程毫无用处。他对神学的抨击尤为强烈，但他似乎也讨厌在他那个时代滥竽充数权作高等教育的大部分内容："在我看来，有些家长简直愚蠢至极，他们的孩子头脑愚钝，资质贫乏，他们却视而不见，觉得反正自己有钱，负担得起学费，就应该把孩子送去这个学习殿堂。殊不知，那里并没有宗师泰斗，孩子学到的不过是摆出一副上流人的架子走进屋（这些难道在舞蹈学校学不到吗）。结果，这些学生不仅制造了不少麻烦，浪费了许多金钱，毕业后还是一如既往地愚昧无知，而且变得更加骄傲自满、目中无人。"①

自从富兰克林所处的那个时代开始，就有人抱怨美国的精英大学从不传授实用知识，培养出来的尽是一些狂妄之徒。直到现在，这样的批判之声仍然不绝于耳。

---

① Silence Dogood（Benjamin Franklin），*New England Courant*，May 14, 1722, http：//www. Lishis（: ory. oi. g/fmnklin/courant/silencedo- good. htm（accessed July 2013）.

然而，富兰克林绝非反智主义者。他拥有无限好奇心，为了更好地体验世界，一生都在不断拓展自己的思维方式和能力。身为发明家的富兰克林总是无比自豪地声称自己生活在一个"充满试验机会的时代"。此外，富兰克林善于社交。他观察自己与别人的关系，不断完善自我，这就是我们今天所说的终身学习。富兰克林在他的自传中介绍了自己创办的一个小组，这个小组每周都会聚在一起讨论一些组员感兴趣的话题：

> 去年秋天（1727 年秋），我将结交过的一些有识之士组建成一个社团，旨在相互切磋，互勉共进。我们把它叫作"共读会"。每周五晚，会员们齐聚一堂进行讨论。为此，我起草了一个章程：每位会员须依次就道德、政治或自然哲学提出一个自己感到困惑的问题以供大家讨论；每位会员每三个月要习作一篇，聚会时当场诵读，题材不限；辩论由会长主持，大家应当秉承一心探求真理的精神，切忌争强好胜或贪图辩论之乐。为了避免引起情绪亢奋，一旦在讨论中明显表现出强烈支持或反对某一观点的倾向，就视为违规，违者处以小额罚金。[1]

40 多年来，"共读会"曾多次改组，并在富兰克林的

---

[1] Benjamin Franklin, *Autobiography*, chap. 5, http: //www. let. rug. nl/usa/biographies/benjamin-franklin/chapter-5. php（accessed July 2013）.

领导下，不断发展壮大。1743年，"共读会"发展为美国哲学会，其宗旨是"在殖民地传播实用的知识"。这个组织至今依然存在。

为什么富兰克林对哈佛学院如此责备求全，却致力于发展这些不甚正式的教育载体呢？主要原因有二：在富兰克林看来，哈佛学院等级制度森严，还散发着铜臭味。这两个因素削减了试验的机会，不利于学习。实际上，对富兰克林而言，财富本身并不邪恶。他与很多商人私交甚好，认为政界与商场有许多相似点。他认为导致世袭特权的财富才是罪魁祸首。因为在这种情况下，高等教育机构为那些不劳而获的人提供了垫脚石，却让斗志昂扬、胸怀大志的学子在寻梦之路上历经坎坷；就这点而言，高等教育机构是有危害的。他还指出，学院之间有等级之分，因为学术总是由那些威望与学识不甚相符的教授引领。富兰克林非常厌恶家长式学徒制，因为这意味着资历胜过努力和能力。但这样的制度在一些教育机构内仍然盛行。相比之下，读书俱乐部基于兄弟之情，社友之谊，是一个建立在平等基础上的"共和国"。在学徒制中，学徒会认为师傅阻碍他们在这个世界上大展宏图；在"共和制"组织中，各成员相互鼓励，个个都能蓬勃发展。① 同龄人之间相互指导、相互学习，这让他们认识到决定一个人命运的是努力程度，而非特权和财富。② 当时的大学让人觉得一个人的生活角色

①　Alan Houston, *Benjamin Franklin and the Politics of Improvement* (New Haven：Yale University Press, 2010), 80.

②　见巴纳德·贝林（Barnard Bailyn），引用来源同上书，第80—81页。

已被完全设定，无法改变，因此，富兰克林认为这些大学的教育方式远远不如他通过 18 世纪社交网络的形式进行的相互指导这一学习方式。

富兰克林成功发展了"共读会"，成立了一个收费图书馆，以支持独立探究。之后，他提出一个设想：创建一所既不由政府又不由教会来管理的学院——"独具美国特色的学院"①。作为一个伟大的启蒙主义者，富兰克林继承了洛克的理念；但是，相比于洛克，他的方法更倾向于共和主义，挣脱了古典文学传统和宗教的束缚。正如历史学家默尔·科蒂（Merle Curti）很久之前指出的，富兰克林的教育主张让更多中产阶级人士在政界和商界获得了成功，而贵族将逐渐失去垄断社会权力或政治权力的能力。② 富兰克林建立的大学绝不想试图粉饰中产阶级的奋斗。知识就是力量，不必为此感到羞耻。大学不应该仅仅教人"如何在进教室时摆出一副上流人的架子"。富兰克林重视实践，他认为一个受过教育的人能更好地改变世界。

富兰克林创建的这所学院是在殖民地上创建的第一个脱离宗教的学院。它的课程设置强调历史，但是，其教育目的显然不是为了学习而学习，尤其因为它培养出了许多抱负远大、雄心勃勃的成功人士。虽然学校不会拒绝"热衷"学习拉丁语或希腊语的学生，但也不会把这些课程列

① Lorraine Smith Pangle, *Political Philosophy of Benjamin Franklin* (Baltimore：Johns Hopkins University Press, 2007)，105－112.

② Merle Curti, *The Social Ideas of American Educators* (Totowa, N. J.：Littlefield, Adams, 1968)，35－40.

为必修课。① 学生可以学习写作、修辞学、算术和会计，但"选课时也要考虑未来"。商业历史，尤其是那些出于商业需要而诞生的发明物的历史，将惠及所有人。学校也很重视学生的身体素质："为了保持健康，强身健体，他们经常锻炼：跑步、跳跃、摔跤、游泳。"富兰克林总结说，学习的真正目标是"不断增强为人民、国家、朋友和家庭服务的意识和能力"。1751 年，富兰克林创建的这所慈善学院开始招生，并于 1779 年改组为宾夕法尼亚州大学。1791年校名又被缩简为宾夕法尼亚大学（University of Pennsylvania）。在近 150 年里，富兰克林创建的这所大学一直归属宾夕法尼亚大学。

虽然富兰克林批评自己所处时代的正规教育，但也积极提倡终身学习。他怀疑高等教育机构会逐渐与"现实世界"（即商业和创新的世界）脱离联系，同时又担心保守而顽固的精英会成为学校进步的绊脚石。富兰克林认为，实行博雅教育的大学只是为精英分子服务的象牙塔。这种批评声至今仍不绝于耳。

自 1636 年哈佛学院成立以来，教授们一直没能教会学生如何在真实世界中生存，这一点是美国大学一直为人诟病的主要原因。人们批评现在的大学生失去了学习外面世界所提供的体验性知识的机会，同时他们的不成熟期也被延长了：他们不负责任、不讲文明，还常常酩酊大醉。以古典学

---

① 这段文字引自 *Proposals Relating to the Education of Youth in Pennsylvania*（Philadelphia, 1749），http：//www. archives. upenn. edu/primdocs/1749proposals. html（accessed June 2013）。

课程或神学争论中的细枝末节为基础的教育其实并不具有明显的实用性。人们常常讽刺大学学位不过是富裕家庭的奢侈品，借以证明他们的儿子有能力把事情做好。然而，19世纪上半叶大学数量显著增长，其中大多数新学校的创建者都是对自己原来的学校心怀不满的校友或教师。几乎所有这些学校都与宗教有些联系，而且他们把道德教育、品格发展作为大学教育最重要的使命。无论是展望未来还是回归宗教传统，大学始终强调教学和道德上的训导。①

无论各大学有什么样的宗教背景，其课程设置始终以知识融合的理念为基础。道德与科学、历史与宗教、古典文学与数学和谐地成为培养年轻人的诸多要素。约翰·亨利·纽曼（John Henry Newman）曾经执笔为爱尔兰一所新办的天主教大学辩护，他强调"所有知识分支都相互联系，因为知识的各个题材之间是紧密联系的，这正如造物主与万物之间的关系一样"②。在一些非常传统的学校中，所有学生都上同样的课程，授课的是同一些为数不多的教授。很显然，随着学院和大学设立的课程不断增多，并不是每个人都适合上同样的课程。尽管如此，纽曼在他的一篇影响深远的文章中写道："虽然他们不能上所有开放课程，但能与开设这些课程的某个领域的代表人物生活在一起也是

---

① 安德鲁·德尔班科这样总结："毫无疑问，内战前有些大学是落后古板的，而且深陷于过去的泥沼中。但也有些大学是永不满足的、开放的、充满活力的……尽管他们独有的信条被风趣地称为'一个道德教育的时代'，他们都承认他们的初衷还是发展学生的优良品质。"*College*, 72–73.

② John Henry Newman, *The Idea of a University* (New Haven: Yale University Press, 1996), 76.

受益匪浅的。"① 只要知识的世界是一个稳定的圈子，学院和大学就能提供进入这个完整体系的通道。

19世纪，美国逐渐成为"大学之国"。据教育史学家戴维·波茨（David Potts）报道，从1800年到1830年，每10年就有10所学院成立，仅在19世纪50年代就有60所大学应运而生！② 新的教育机构引进一些改革措施，以古典学课程学习为基础的博雅教育传统模式由此面临巨大的压力。纽曼所谓的"知识圈"似乎越来越不稳定。望子成龙的家长们都希望学院能够成功地让孩子学会步入社会。但是，也有人怀疑他们所学的内容是否真的能让他们做好准备去应对迅猛的技术巨变和经济巨变。是不是听起来有些熟悉？国家日新月异，航运、铁路、通信和制造业迅速发展，高等教育能与时俱进吗？

19世纪20年代，有几所美国大学开始着手改革，旨在开设让学生了解现代研究领域的更多课程，缩减死记硬背以及学习希腊语和拉丁语的时间。当时刚有一群来自马萨诸塞州西部的威廉姆斯学院（Williams College）的人建立了阿默斯特学院（Amherst College），这所学院竟然表示不需修读古典学课程就能获得学士学位。阿默斯特学院的试验引起广泛的关注，入学人数急剧增加。即使十分注重传统的哈佛大学也掀起了改革之风。哈佛大学第一位人文学教授乔治·蒂克纳（George Ticknor）在欧洲逗留了一段时间

① John Henry Newman, *The Idea of a University* (New Haven: Yale University Press, 1996), 77.

② David Potts, *Liberal Education for a Land of Colleges: Yale's Reports of* 1828 (New York: Palgrave Macmillan, 2010), 4.

后，下定决心要实行改革。在他看来，美国教育已停滞不前。他尖锐地指出："必须彻底变革教学结构中的学科和教学模式"，哪怕只是为了"实现一所名牌高中的目标"。[①]

　　为了使坎布里奇的这所古老学府适应现代化要求，蒂克纳提出了一系列建议。为了让那些不追求传统学位的人更容易进入这所学校，减少因假期太长而产生的"合理的闲散现象"，他建议对学院的行政管理部门和各计财部门进行重大变革。出于我们的目的，我们应该注意到，蒂克纳想要让各个系部来监督学科教学，而非大学的行政机关。最重要的是，他希望教授们能认真教学，而不是仅仅检查学生是否完成了学习任务（通常是默记任务）。蒂克纳写道："毕竟，我们的大学没有一个是进行全面教学的场所；没有任何一个优秀课堂实现了预期效果，哪怕是一半；教师的精神没有直接而有效地对学生的精神产生影响。"[②] 至少在某种程度上，蒂克纳希望学生能够选择一门课程进行学习，"以增加学生的职业兴趣，使他们学到的知识对实现未来目标具有更大的价值。"[③] 他在结束分析时所说的话让人想起一些思想新锐的当代高等教育批评家，这些人认为当今高等教育需要"颠覆性创新"。如果高等教育的精英机构不能批判地审视自己的传统，"如果它们不能在即将到来的变革中把自己定位在领导地位上并调整其行动方向，

---

①　*Life, Letters and Journals of George Ticknor*, ed. George Stillman Hillard (London: Sampson Low, Marston, Searle and Rivington, 1876), 357.

②　Ibid., p. 363.

③　Ibid., p. 356.

那么只能沦为改革精神的首批牺牲品。"①

　　19 世纪，美国对课程现代化的号召主要有两种回应：一种是支持以循序渐进的方式进行适度调整，以实现博雅教育；另一种真正出现在南北战争结束之后，主张发展专业研究型大学。在《1828 年耶鲁报告》中，教授们表示拒不接受"古板的旧式美国大学只是按照中世纪一样的模式进行教学"这一指控。② 事实上，这个学院几乎每年都有所变革，校友们毕业没几年，再次回到母校都不由得惊叹在课程方面发生的巨大变化。教授的教学模式也不是一成不变的，他们不断完善自己的教学实践和课程内容，并将此作为专业工作的一部分。这些报告的作者们表达了自己的不满：大学"没有符合时代的精神和期盼；如果不能更好地适应国家商业化的特点，很快就会被淘汰"。③ 那些主张以商业为导向的当代高等教育批评家经常谈到在线学习和电子商务，殊不知在 19 世纪初期有些批评家还担心大学不能促进产业化呢。《1828 年耶鲁报告》的作者对此进行了反驳，提出大学必须为专业化教育打好基础。如果没这样的基础，采用的手段即使再专业也只会导致事倍功半；更重要的是，专业人士的生活将会严重失衡。"我们的目标不

---

① *Life, Letters and Journals of George Ticknor*, ed. George Stillman Hillard（London：Sampson Low, Marston, Searle and Rivington, 1876），364. 要了解关于蒂克纳的最新看法，参见 Warner Berth offs article in *Harvard Magazine*, January—February 2005, http：//liarvard- magazine. com/2005/01/george-ticknor. html（accessed June 2013）.

② 《1828 年耶鲁报告》最近被收录于 David Potts, *Liberal Education for a Land of Colleges：Yale's "Reports" of* 1828（New York：Palgrave Macmillan, 2010）.

③ David Potts, *Liberal Education for a Land of Colleges：Yale's "Reports" of* 1828（New York：Palgrave Macmillan, 2010），6.

是教会某个职业所需的某项具体技能，而是为从事任何职业打好基础。"① 这个基础不是由大量事实组成的，也不是靠背诵文本就能实现的。大学博雅教育提供的是"心灵的训练和教养"，其中更重要的是智力训练。博雅教育让我们养成思考的习惯，由此能够"活到老，学到老"。该报告强调"学者必须通过自己的努力实现自我"②。正如我们今天所说的，学生必须学会如何学习。

然而，耶鲁大学教授还强调，希腊语和拉丁语的学习对智力训练绝对至关重要。他们反复强调这所大学愿意改变，事实上几年来一直都在做出改变。但是，他们拒绝以破坏古代世界的核心遗产为代价去发展心智训练。他们关于自由学习的理念正向后来的"批判性思维"靠拢——这是一种与任何探索和专业实践都相关的思维习惯。③ 但是，这些耶鲁教授认为自由学习必须以希腊语和拉丁语的学习为基础。"心灵的教养"是创建文明家园必不可少的组成部分。他们坚持认为，如果没有古人设置的那些课程所打下的基础，就不可能培养出训练有素的思维习惯。

《1828 年耶鲁报告》与南北战争这段时间，虽然捍卫古典学课程的力量仍是一股强大的暗流，但关于博雅教育的辩论重心已从内容转移到过程。最重要的是，自由学习被重新定位，从原来的"为自由学习而自由学习"转变为

---

① David Potts, *Liberal Education for a Land of Colleges*: *Yale's "Reports" of* 1828 (New York: Palgrave Macmillan, 2010), 14.

② Ibid., p. 8.

③ 参见波茨对《1828 年耶鲁报告》的评价。

"为进一步的专业学习打好基础或做好准备"。无论学生将来读工程学、医学、法律还是商科，都必须先上完本科，在广博的自由学习的基础上才能开始专业化学习。学院被视为大学的组成部分，学生将通过更高级的学习获得专业化带来的好处；大学的主要目的是通过研究产生知识，而不是向学生传播知识。

师生共同研究，创造知识——这是美国从德国借鉴的大学愿景。德国知识分子非常看重普鲁士语言学者兼大使威廉·冯·洪堡（Wilhelm von Humboldt）早先提出的关于大学的基本目标以及组织形式的说法。虽然《论柏林高校的内外组织结构》[①] 一文直到 19 世纪晚期才得以广泛出版发行，但对那些对现代大学有新构想的人来说，这篇文章简直具有神话般的地位。威廉·冯·洪堡写道："高等教育机构只有按照纯粹的科学理念运行，才能充分实现它们的目标……"在宗教学、生物学或历史学等方面追求科学知识意味着要不断地进行系统性的探究、公开发表和讨论。这种追求就是大学与中学的区别。"高校总是在搞研究。因此，高校中的师生关系完全是高校所特有的。在这里，教师的存在不是为了学生。相反，学生和老师相聚在一起是为了知识。"追求知识需要自由——不仅仅需要免受审查的自由，还需要开展研究的自由，允许学者自由选择最适合实现其研究目标的方式。依据这个大学理念，相比于对

---

① Wilhlem von Humboldt, "On the Internal and External Organization of the Higher Scientific Institutions in Berlin," trans. Thomas Dunlap, http://germanhistorydocs.ghi-dc.org/sub_document.cfm?document_id=3642（accessed July 2013）.

"为了追求纯粹的知识而不断追求知识"的保护，将研究成果投入实际应用的强烈愿望必须居于次要地位。否则，那些只追求实际成果的行为将会扼杀能结出第一批果实的"大树"。知识之树——科学本身——必须以自己的方式生长。威廉·冯·洪堡写道："关键性的挑战在于秉持信念，把科学视为一种永无止境的追求。"

这所美国研究型大学的办学理念是：要在自由与合作的氛围中持续探索。但是，在着手创建之前还有许多障碍亟待清除。查尔斯·艾略特曾担任哈佛大学校长长达 40 年。40 年里，他在这方面做出了重大贡献。从某些方面看，他似乎不适合领导这所最古老的大学。虽然他哈佛大学毕业，但他在哈佛大学的教职并没有续约，他离开哈佛，前往欧洲考察和研究教育制度；回国后被聘为新成立的麻省理工学院（the Massachusetts Institute of Technology）的教授。1869 年在《大西洋月刊》（*Atlantic Monthly*）发表了一篇题为《新型教育》的文章。在这篇文章中，艾略特提出了一个尖锐的育儿问题："我能为我的孩子做些什么？我愿意承担也乐于给孩子最好的教育。如果大学教育能让他成为牧师或学者，我会感到十分自豪；但是，我认为他不是这块料。我想让他接受实用性教育；这种教育能让他做好充分准备，至少比我准备得更好，去继承我的事业或从事任何其它热门职业。"① 这是一个哈佛大学以及几乎其他任何美国大学都不得不回答的问

---

① Charles Eliot, "The New Education," *Atlantic Monthly*, February 27, 1869, http：//www. theatlantic. eom/magazine/archive/1 869/02/the- new-education/309049/ (accessed June 2013). Subsequent quotations from Eliot in this paragraph and the next are from the same source.

题。艾略特知道任何一个父亲都想为自己的儿女寻求最好的教育，使自己的子女做好充分准备，去面对未来风云变幻的新世界。"家长不会相信50或100年前成功地使年轻人学会面对生活的那种方法如今还可以适用于自己的孩子；他认为现在这个时代已经不同于50年前，他希望自己的孩子做个跟得上时代要求的人。"

大学必须进行变革，因为大学必须是社会变革的最佳体现。然而，艾略特告诫我们不要指望教授们去改变大学——一生都当老师会让一个人成为"教育方面的不可靠见证人"。变革源于创造知识的领域——科学；科学有助于那些受经典模式束缚的大学实行变革。艾略特想把更多科目纳入课程体系，以此整改教学模式。他写道："在真正的大学课程体系中开设任何关于人类探索的课程都是适合的——这个观点再怎么大声说，再怎么反复强调，都不为过。大学的每一门课程应该比其他地方教得更上一个层次，这点是必须的。"有些学者认为有些课根本不值得一教，但对艾略特而言，"课程设置得越多越好。"通过设置更广泛的课程，教授更多的学科，自然就会形成优胜劣汰机制。

这篇文章在《大西洋月刊》上发表还不到一年光景，艾略特便出任哈佛大学校长。在他任职的头十年，美国高等教育的改革势头越来越强劲。越来越多的人支持德国模式的研究型大学，试图将这种模式引入美国。即使是研究型的约翰斯·霍普金斯大学（Johns Hopkins University）的第一任校长丹尼尔·吉尔曼（Daniel Gilman）也很确定地说，学生只有在拥有学院教育背景之后才能进行高级阶段学习中的自由探索，只有在这样的背景下才能"打下自由而坚实的基础，然后才能进行大学教学，这种做法是明智的"①。吉尔曼的就职演说以威廉·冯·洪堡几十年前在柏林设定的主题为思想基础，认为现代大学应该摆脱教条和传统的束缚。其间，他拖长着声音强调："如果要发展一所大学，就必须让教授和学者充分拥有自由，包括教师选教学方式的自由，以及学生选课的自由。"②

在美国的语境中，也许是因为吉尔曼认同《1828 年耶鲁报告》，他意识到要实现这种自由是有条件的：师生都要受过"学院训练"，并将之融为自我意识的一部分。在这个共和国建立初期，学院还有必要存在；但是，当这个国家转向现代化时，我们需要的是研究型大学。这好比美国企业，正在为不断拓展的市场制造产品。美国大学将强调"学者型教师"的模式，据说在这种模式下工作的研究员会表现出更高的效率，教师的魅力值也将大大提升，因为他们在积极地创造知识。高级的大学学习固然要专业化，然而，"顶尖学者在某一领域中取得成就往往是基于广博而自由的文化知识储备。"③

与哈佛大学的艾略特一样，吉尔曼清楚地意识到：如果美国的教育机构效仿德国大学，批评家就会说它们即将

---

①　Daniel Gilman, Inaugural Address, 1876, http: //webapps. jhu. edu/jhuniverse/informa-tion_ about_ hopkins/about_ jhu/clanie] _ coit_ gilman/ (accessed June 2013). Subsequent quo-tations from Gilman are from this source.

②　Ibid..

③　Ibid..

失去教育的道德基础。学习专业知识没什么不好，但追求狭隘的专业技术可能会导致一些只懂技术的人在面对专业范围以外的情况时束手无策。在创办约翰斯·霍普金斯大学时，吉尔曼还提醒过公众什么才是美国大学自由学习的根基："大学的目的是培养人的品格——造就人才。如果大学只是培养书呆子、头脑简单的手艺人、狡猾的诡辩家或是自命不凡的实践者，大学就偏离了目标。大学的目标并不是向学生灌输知识，而是激发学生的求知欲，展示方法，开发潜能，增强判断力，提高学生的道德水平和智力水平。"① 大学应该培养一批聪明、稳重而又富有进取心的学生为社会服务，使他们无论在什么工作岗位上，无论从事哪个思想领域的研究，都能发挥领导作用。吉尔曼坚持认为学院与大学之间是有连续性的，而博雅教育就是联系它们的纽带。对他而言，这意味着要增强学生和教师通过研究进行学习的能力。威廉·冯·洪堡曾强调：探索永无止境，美国大学的目的是要创造一种文化，使师生"无论在什么工作岗位上，无论从事哪个思想领域的研究"都有追求知识的思维习惯。这个目的不是技术性的——不是学习如何使用特定的实验技术或学术技术；这个目的是自由的。威廉·冯·洪堡想借此培养出"聪明、稳重而又富有进取心的领导者"，他们能通过不断探求知识为社会做贡献，而不仅仅局限于自己的专业领域。

---

① Daniel Gilman, Inaugural Address, 1876, http://webapps. jhu. edu/jhuniverse/information_ about_ hopkins/about_ jhu/clanie]_ coit_ gilman/ (accessed June 2013). Subsequent quotations from Gilman are from this source.

南北战争之后发展起来的美国研究型大学并没有试图取代学院，而是为本科生提供了更高级的教育。在哈佛大学，艾略特对此态度十分明确，不仅设立了研究生阶段的专业性高级研究项目，而且使本科学历成为开展这些项目的先决条件。这最终将成为美国这片土地上的规范。19 世纪末，大学领导们有时效仿红衣主教纽曼的做法，经常呼吁知识的整体性是本科教育的标志。在学院，伦理学、美学和知识相互融合，现代大学"力求保持古典大学的核心价值：道德目标和智力目标的统一性"①。

但是，什么力量能把道德和知识凝聚在一起？为了促进探索自由，大学必须不受国家和宗教的干扰——这两股由来已久的力量一直强调教学内容要有整体性。南北战争期间，国家的当务之急是投资科学研究；但是，因为学校由私人捐赠建立，所以这些学校不受制于政府官员，也并没有像努力构建其他学科框架一样试图控制科学探究。随着大学的科研工作越来越专业化，研究人员总是避免对教育意义和品格培养展开广泛的辩论，这与宗教机构形成鲜明的对比。这个国家的许多学院和大学都和宗教有些联系，而且许多院校宣称它们与宗教之间的联系是学校完成其教育使命的基础。但是，在 19 世纪的最后几十年里，有人大肆鼓吹学校必须脱离新教的任何一个分支。然而，普林斯顿大学校长詹姆斯·麦克考什却反其道而行。他认为宗教

---

①　Julie Reuben, *The Making of the Modern University*: *Intellectual Transformation and the Marginalization of Morality* (Chicago: University of Chicago Press, 1996), 11.

很重要，不应该只是作为众多选修课之一。麦克考什认为学院应恪守形成学习参照标准的信条。但是，哈佛大学的艾略特提出了一个令人信服的论点，即优先考虑恪守宗教原则显然会阻碍自由探索。一个相信科学的人"只会热切地追求真理……全然不考虑自己这么做可能会对古老的组织、珍贵的感情或传统的神圣情感产生什么样的影响"[①]。像任何其他学科领域一样，宗教是可以被研究的，也将被探讨。然而，当宗教像其他课程一样被人研究时，它将不再具有把充满探索精神之人凝聚起来的力量。

19世纪60年代末，埃兹拉·康奈尔（Ezra Cornell）宣称他要办一所大学，"在那里，人人都能找到自己要学的科目。"康奈尔的这一做法开辟了一条与人口增加和知识领域扩张同步的新道路。相比于为了发现知识的统一性原则所做的任何努力，知识的扩充和传播更为重要。在19世纪最后的几十年里创建了研究型大学的那些人相信：只要学者们下定决心致力于探索，就已经拥有了把他们凝聚在一起所需的一切共性。只要所有学者都认识到他们都有追求真理的承诺，就不再需要共同的道德框架去统揽全局，也不需要任何学科去指引其他学科。

至少，那是一种希望。事实上，教职人员和在校学生都发现：随着学校不断扩大规模，彼此合作越来越困难，即使是在同一所大学庇护下的学院和教会学校，情况亦是如此。艾略特在哈佛大学继续倡导"年轻人通过自由学习

---

① Charles W. Eliot, "The Aims of Higher Education" (1891), quoted by Reuben, 82.

去亲身体验各种重要的思维方法"①。

　　然而，这种教育在规模、方法、内容等方面的变化遭
到了人们的质疑：如何让这种广博的教育模式在人数不断
增长、越来越重视专业研究的大学里推行开来呢？大学规
模急剧扩大；随着师生数量不断增长，学诗歌的人通过和
化学专业的人交流并从中受益的机会越来越少。

　　在大学里，有些学院或系部规模很大，完全具备进一
步发展成专业化学院的基础。到了 20 世纪早期，各学科的
研究方法似乎不再有明显的共同特征。科学中的某些特定
方法论要求为理性而客观的研究制定标准，但这种标准在
很多领域中并不被承认，情况就变得更为复杂。

　　最后，研究生在越来越专业化的学科分支里寻找新的
研究主题。然而，能察觉其研究主题价值的人似乎只限那
些同一学科分支中的学术专业人士。试想一下，如果连大
学社区内部的人都搞不清楚校园里的其他地方正发生什么
样的事情，博雅教育又有什么意义呢？

　　伟大的大学改革家艾略特聘任威廉·詹姆斯到哈佛大
学，当时这所研究型大学的改革进行得如火如荼，詹姆斯
指出大学过度专业化其实非常危险。他取笑德国的教育模
式，认为这种教育的目的只是"把学生变成促进科学发现
的工具"。他希望人们去思考是否真的想要模仿德国模
式——在这种模式下，学生可以独立学习，会觉得"一些

---

① Charles Eliot, "Inaugural Address," in *Addresses at the Inauguration of Charles William Eliot as President of Harvard College* (Cambridge, Mass.: Sever and Francis, 1869), 31.

渺小的新真理理应被添加到现存的人类信息库里"①。曾几何时，人们渴望掌握真理的整体性，准备做一个全面发展的公民；如今，为了获取一点点科研信息，这些雄心壮志难道就不复存在了吗？美国高等教育机构正转向现代化，但为什么有人认为这是具有进步意义的？难道追求专业化能把自由学习赶出最"高级的"大学吗？

在专业化大学中，高级研究和专业工作被移植到以选修课为主的广博的本科课程，这种模式终将成为很多美国高等教育的标准。但是，19世纪下半叶，其他教育机构进行了一些试验，对整个20世纪及以后都产生了重大影响。尽管宗教在大多数的东北部名校已经没有以前那么重要，但在这个国家的其他地区却涌现出几十所教派大学。有宗教导向的教育机构逐渐形成具有自己特色的自由学习的形式。

此外，《莫里尔法案》（Morrill Act）于1862年签署生效，并于1890年增订，旨在促进全国各地资金雄厚的大学"讲授与农技和机械技艺相关的课程"。在"不排除其他科学研究和古典课程研究"的情况下，这些州立赠地学院和大学提供实用教育。因此，与欧洲大学不同的是，美国的大学试图将接受职业教育的学生与学习传统学科的学生等同而视。但是，即使是支持大学实行功利性教育的人也补充道：他们的目的是为了"在从事某些工作和职业的工人

---

① 本段中詹姆斯的话源于 *Talks to Teachers on Psychology*：*And to Students on Some of Life's Ideals*（Rockville, Md.：Arc Manor, 2008），25-26.

阶级中推行自由而实用的教育"①。在美国，博雅教育并没有和农业技术及机械技术完全隔离。大家都坚定不移地相信：不管一个人从事何种职业，自由学习都有益于个人和社会。至少到目前为止情况的确如此。

19世纪后半叶，接受高等教育的女性人数大幅增加。19世纪早期，女性只能在协会、神学院及为数不多的学院里接受教育，而且当时接受教育的女性不多。虽然这些女生的老师们都倡导启蒙运动的理念，相信教育使人独立，但是在当时的社会背景下，人们仍然认为女性应把婚姻视为首要目标。因此，要求女性遵循"既嫁从夫"的旧习俗削弱了女性想要独立自主的观念。也许这就是受过高等教育的女性与从没上过学的女性在婚姻模式上有所不同的原因。受过高等教育的女性结婚相对较晚，这一群体中选择终身未婚的人的比例也比普通人群高。② 在内战爆发之前的几十年里，许多人毕业了就选择教书育人。内战结束后，瓦萨（Vassar）（1865）、韦尔斯利（Wellesley）（1875）、史密斯（Smith）（1875）和布林茅尔（Bryn Mawr）（1884）这四所女子学院成立，这在全国范围内深刻地影响了人们对教育机会这一概念的认识。这些学校致力于让女子和男子一样，拥有在教育机构中接受博雅教育的机会。正如史密斯女子学

---

① Robert L. Geiger, "The Ten Generations of American Higher Education," in *American Higher Education in the Twenty-first Century: Social, Political and Economic Challenges*, 3rd ed., ed. Philip G. Altbach, Patricia J. Gumport, and Robert O. Berdahl (Baltimore: Johns Hopkins University Press, 2011), 51.

② Barbara Miller Solomon, *In the Company of Educated Women: A History of Women and Higher Education in America* (New Haven: Yale University Press, 1985), 31.

院院长所言，"学校教育并不是为了让女性适合某个特定领域或行业，而是通过计划周密的手段挖掘她们身上的潜能，使她们在任何职位上都能成为更完美的女性。"① 如今，对这番引出博雅教育传统的言论，我们已经耳熟能详。早在女性获得选举权几十年之前，致力于践行博雅教育的女子学院就坚持认为女性不应该被限定于"某一个特定领域"。这些女子学院是当时促进社会发展的强劲动力。

在 1870 至 1920 年这五十年里，大学中的女生比例由21%上升至47%，而且这一比例始终呈上升趋势。与此同时，新兴的研究型大学重新定义了博雅教育。在这个过程中，女子学院也发挥了一定作用。早期的女子学院可能会保留古典文学课程——也许是因为这些女子学院刚刚有能力提供这种教育，所以更不愿意轻易做出改变。与男生相比，女生似乎对传统课程更感兴趣，男生则会选修其他课程。20 世纪头十年，古典文学教授已经开始抱怨，称他们的领域被女性化了。当希腊语教授（这些老师长期以来所受的教育让他们觉得女生不能学希腊语）站在讲台上授课时，教室里坐的全是女生，没有男生。不过，社会科学这门课倒是越来越受欢迎，无论男生还是女生都会选修这门课。但是，对年轻男女而言，博雅教育的意义有所不同。对男性而言，博雅教育是迈向工作岗位的第一步，对于女性则不然。许多行业并不招女职员，她们只是为了学习而

① Barbara Miller Solomon, *In the Company of Educated Women: A History of Women and Higher Education in America* (New Haven: Yale University Press, 1985), 49.

学习。教授们在谈及博雅教育时，会把它看作专为男性设置的课程。因为当时接受高等教育的女性仍然寥若晨星。①

对博雅教育，人们满是溢美之词，强调博雅教育是为学习而学习。果真如此的话，男生和女生所学课程就应该大致相同。但是，如果男性接受博雅教育是为了获得专业技能，而女性接受博雅教育是为了在家庭中扮演好自己的角色，那么，他们的学习路径就应该有所不同。这些是否都可以被称为博雅教育呢？

玛莎·凯丽·托马斯（M. Carey Thomas）在 19 世纪和 20 世纪之交的美国是个富有影响力的知识分子兼行政管理人。她支持女性接受博雅教和专业教育。作为布林茅尔学院第二任校长，她是开设潜心研究古典文学的大学课程的坚决倡导者，也是第一所设有不同系部的女子学院的领导人。玛莎本科就读于康乃尔大学，后于约翰斯·霍普金斯大学和莱比锡大学攻读硕士学位，并于苏黎世大学获得语言学博士学位。托马斯希望女性能够恪守最高传统标准——在男性中已经开始加以改变的那些标准。当时，许多学校将家政学整合到女性高等教育中，而托马斯却极力主张学校开设古典文学课程，因为这些课程将为女性（以及男性）从事更高级的职业做好准备。托马斯发现，与大多数男性相比，高等教育更能改变女性的命运。托马斯认为，正因为如此，男女更应该拥有共同的教育背景："［女

---

① Barbara Miller Solomon, *In the Company of Educated Women: A History of Women and Higher Education in America* (New Haven: Yale University Press, 1985), 83.

性的] 大学教育应该与男性一样。这不仅仅是因为最好的
教育只有一种，更是因为男女要一起共事、一起生活，他
们会成为合作者、挚友、婚姻中的朋友和爱人。此外，如
果大学教育对他们进行同样的智力训练，为他们树立相同
的学术理想和道德典范，那么，他们的效率、幸福感及其
下一代的幸福指数都会得到大幅提升。"① 随着对美国的广
泛多样性的认识加深，那些被视为"共同"的事物所遭受
的压力变得越来越大，但是，将博雅教育视作大众文化的
这一观念在 20 世纪却产生了深深的共鸣。

在 20 世纪之初的几十年中，美国高等教育的规模不断
扩大，接受高等教育的机会也越来越多。随着高中毕业生
比例上升，越来越多的年轻人将上大学看作迈向成人世界
和通往职业生涯的道路。然而，这并不意味着想要从事尖
端科研或成为教授的人数会因此增加。不过，越来越多的
人相信上大学这一"经历"能让他们汲取今后在新的经济
体制中获得成功所需要的知识，为他们更全面地参与现代
社会做好准备。美国教育的文化结构以及人口结构已经发
生了变化，造成两种截然不同的影响：一方面，一些大城
市开始创办学院和综合性大学，为具有中等教育水平、想
要继续深造的移民及其后代提供条件。其中，令人印象最
为深刻的当数纽约市立大学（College of the City of New

---

① M. Carey Thomas, "Should the Higher Education of Women Differ from That of Men?" *Educational Review* 21 (1901). 引文来自该论文最后一段。该论文开篇就为女性职业教育进行了有力而幽默的辩护："只要男人和女人能在其职业生活中共同竞争，联合起来，那么女人为同一职业所做的准备就很难和男人有什么不同了。"托马斯帮忙在约翰斯·霍普金斯大学建立了医学院。

York）。该学院在 20 世纪 20 年代招收了 2400 多名学生。另一方面，面对渴求知识的大量新移民，一些学校感觉自己受到威胁。专科院校和市政教育机构会接受普通民众入学，但一些颇具名望的教育机构则开始通过对学生的选择进行自我定义。被拒绝入学的学生越多，学校的名气就越大。因为选择性通常意味着学校会通过特定的"过滤器"保障"社会同质性"或为学生提供"适合学习的环境"。通常情况下，这是确保大学体验不会被犹太人和其他少数民族学生"玷污"的法典。

与此同时，随着对许多领域的学者授予荣誉的专业协会的规模不断扩大，教授协会的规模也在不断扩大。19 世纪末，现代语言协会、美国历史学会及其他学科的相关协会都蓬勃发展起来了。名牌大学的教授们正在制定一些标准，由此相关领域的著作将在全国范围内加以评判。某个专业的出版物不仅要接受当地同事的评估，而且要在更大的"圈子"里接受评估。1915 年，美国大学教授协会成立。该协会旨在保障"学术自由"，保障学者享有学术研究自由权，学术界之外的人不得干涉。"大学教授是新知识的创造者"是美国各学院和综合性大学的核心思想之一。然而，新知识并不一定是博雅教育的代名词。的确，随着学科知识不断趋于专业化，被某一领域视作"智力发展"的东西对其他领域而言也许毫无用处或晦涩难懂。对教授们而言，打开职业晋升之门的入场券是专业知识，而非知识广度。现在的大学相互攀比的是教师知名度，因此，正如教育史学家罗伯特·盖格（Robert Geiger）所言，我们更有可能在普林斯顿大学发现的，是一个犹太裔物理学家，而不是一个犹太裔学生。

　　到了 20 世纪 20 年代，随着学科知识专业化的不断加强，以及校园里宗教文化的缺少，学院越发强调课外学习的重要性。大学"体验"不仅仅是指听讲座、参加研讨会和进行科学研究。据说，"学生生活"是本科阶段所学内容的一个重要组成部分。倡导这一理念的典型代表是寄宿制学院。它们提倡获取学士学位的大学四年制学习是鼓励培养学习习惯的一种生活方式。不管高等教育机构有没有修建宿舍（事实上的确修建了不少宿舍，其中有些宿舍的修建款由政府资助），这种"大学生活方式"在一战后一直都是高等教育的核心内容。高等教育并不注重培养本科大学生的自主性或独立性，而是越来越起到了家长的作用。寄宿制学院生活经历为学生成人后参与到中产阶级主流文化中提供了过渡期。①

　　寄宿制学院的生活体验大大激发了一些在校生和校友的爱校热情，虽然他们对新领域的专家教授们所从事的错综复杂的高端研究并不感兴趣，但这并不影响他们热爱大

---

　　① Frederick Rudolph，*The American College and University*：A History（New York：Vintage，1962）中如是说："一套课程，一座图书馆，一名教员，一群学生，这些还不足以组成一所学院。这符合事物的住宅方案……通过家长式作风散布开来。这是每一所美国学院拥有的或者有意识拒绝的，抑或是每一所美国学院失去或寻求的收复。威廉·特库姆塞·舍曼承诺将对全体学生履行父亲般的职责；普林斯顿大学的宿舍十分舒适，烟草罐都装得满满的；在城区大学里，指导老师帮助不善社交的学生克服这一缺陷。"（86）被引用于 Lester F Goodchild，"Transformations of the American College Ideal：Six Historic Ways of Learning，" *New Directions for Higher Education*，no. 105（Spring 1999），9-10.

学生活。对那些主要依靠校友捐资得以发展的学校而言，
这种感情越来越重要。到了 20 世纪 20 年代，随着专业研
究方面的智力投资力度不断加大，兄弟会、运动队、美食
俱乐部等各种当代校园生活形式蔚然成风。不过，对大多
数大学生而言，构成其大学生活特点的并不是越来越多的
智力投资。

　　然而，在 20 世纪，专业研究在研究生教育中越来越占
据主导地位；教授们之前也是在研究生院接受的培训。他
们的职业抱负越来越大，而参与"实现大学理想"的能力
（以及愿望）却越来越弱。为此，大学管理者出台导师制，
要求教授们在新生第一年的学习过程中担任导师，这是个
形式上的职务（在有些学校，由教师自愿提出导师资格申
请）。然而，多年来一直潜心于专业研究的教授们对指导学
生可能并没什么兴趣，也没这方面的能力。迂腐学究气导
致其教学水平低下，也可能使他们在指导学生方面效果欠
佳。① 早在 20 世纪 20 年代就有很多人议论过这个问题。正
是在那时，学校开始聘用学生事务专职管理人员，负责新
生入学教育，实施其他有助于提升大学理想之魅力值的
方案。

　　在 20 世纪期间，人们都认为大学和学院的本科教育
与其说是一系列旨在提高某些特定技能的课程，不如说是
养成一般习惯的生活方式。正因为如此，校园生活中的课

① Julie Reuben, *The Making of the Modern University: Intellectual Transformation and the Marginalization of Morality* (Chicago: University of Chicago Press, 1996), 253.

程辅助活动和课外活动也被视为博雅教育的组成部分。几百年来，大学一直致力于管束学生课堂之外的行为，而年轻气盛的学生则采取一切可能的方式进行反抗。还记得，杰斐逊当年就很担心大学生酗酒问题。几十年来，学生强烈要求拥有不受教工干涉的校园自由。为了积极响应"学生文化至关重要"这一号召，学生活动不仅仅是休闲的世界，更是学习的世界。赋予课外活动额外的重要性，有利于在校生、毕业校友和学校管理者，平衡专业研究的发展。校际体育赛事成为推动校园精神文明建设（和促使校友捐资）的重要动力。学校管理者很快就将这些活动称为培养遵规守纪意识、团队精神及领导能力等品格特征的教育活动。学生和家长则开始关注学校的寄宿安排。人们说合理的寄宿安排能使学生在寝室里模拟自由探讨和辩论活动，促进共同学习。由于学生生活的管理功能越来越重要，学生报、合唱团、文学社也应运而生。对于许多"校园社区"的成员而言，博雅教育不再是让那些抱负远大的教员沉迷其中的专业研究，而是转变成一项以建设越来越有活力（同时越来越守纪律）的学生文化社区为目标的事业。

　　20世纪上半叶，博雅教育依然是美国的一个核心价值观，但人口膨胀以及模式千篇一律的公立教育的发展使这种价值观面临巨大的压力。接受高等教育的人数急剧上升。1910年，只有9%的学生高中毕业；1940年，这一比例上

升至 50%。① 虽然大多数高校学生接受的主要是农业、商业
或手工艺等方面的职业教育，不过我们可以看到，即便是
在以职业为导向的教学计划中也出现了开设博雅教育课程
的倾向——开设这些课程不仅仅是为了培养他们的工作技
能，更为他们日后的学习打下基础。除了这些社会因素发
生了变革之外，学术圈内部也发生了变化。科学明显占据
主导地位。物理学、化学及生物学等方面的发现似乎并不
是以研究者的道德观、政治观或文化观为基础，而且这些
发现往往能对工业、军事、医疗保健产生重大的影响。既
然大学里的专业研究能够取得显著成效，为什么不让那些
非学术群体也用他们的方法去改造私营企业和公共领域呢？
对于科学领域中取得的进步，越来越多的人产生这样的疑
问：关于博雅教育的那些传统理念是否为科学进步奠定了
基础？或者只是一种应该摒弃的教育模式的陈旧遗迹？

　　为了应对科学占据主导地位这一现象，许多文学系开
始重塑形象，将自己的领域定性为涉及价值观的、高度主
观性的领域，完全不同于那些所谓的并不关乎价值观的、
客观的工作。20 世纪 20 年代的"新人文主义者"认为文
学研究可以治疗高度专业化导致的精神空虚症。他们并不
致力于深入探究严密的哲学或语言学作品，他们强调人文
研究的核心是心灵成长和自我认知。文学研究可以使人更

---

① Robert L. Geiger, "The Ten Generations of American Higher Education," in *American Higher Education in the Twenty-first Century: Social, Political and Economic Challenges*, 3rd ed., ed. Philip G. Altbach, Patricia J. Gumport, and Robert O. Berdahl (Baltimore: Johns Hopkins University Press, 2011), 58.

加深刻地认识到文化的重要性，并探索文学意义在其他课程中的延伸方式。历史学家和哲学家强调他们的事业是重要的，是综合性的，指出他们是如何将理念与实际相结合来帮助学生创造意义。意义创造不仅与科学教育有关，更与品德教育有关。此外，人们对艺术教育的作用有了新的认识，认为艺术教育有助于学生更好地研读体现一个文化之最高价值的那些伟大作品。聘请艺术家进大学并不是为了向学生展示他们在技艺方面的细微差别，而是为了激发学生的灵感。两次世界大战间隔期的博雅教育当然包含科学，但许多教育者坚持认为科学不应是博雅教育的全部内容。[1]

因此，虽然博雅教育面临着社会变革的巨大压力，专业研究也取得了显著成果，但"受过良好教育的公民必定接受博雅教育，而且乐于为学习而学习"的观念仍然得到大家的积极拥护。还有一些人认为不应该只在老牌名校推行非职业教育，应将这种广博的教育模式视为确保一个移民国家拥有共性的媒介。有一个观点是：不带偏见的探究将形成基本的民主价值观。其实，这个观点有些自相矛盾，因为这些"价值观"不仅仅是偏见。通过学习如何独立思考，年轻人会以美国人特有的生活方式来适应社会。20世纪30年代，人们开始意识到这种生活方式不同于对意识形态的灌输和狂热盲信。至此，博雅教育被誉为是保障公民

----

[1] Julie Reuben, *The Making of the Modern University*: *Intellectual Transformation and the Marginalization of Morality* (Chicago: University of Chicago Press, 1996), chap. 7, especially 215-229.

自由的关键。希特勒在德国执政一年后，哈佛大学校长詹姆斯·布赖恩特·科南特（James Bryant Conant）对学生们说了以下一段话：

> 依我之见，大学教育最重要的一个方面就是它能够不断地引导学生进行独立思考……使他们渴望更多地了解一个问题的不同方面；渴望了解其他时代的其他人是如何为具有良好教养的人下定义的。教育不应该将人的思想束缚在一个惯用的公式里，而是应该不断地为其成长提供养料。学会独立思考！于任何可能之处汲取知识，听取阅历丰富之人的意见，但不要让他人代替你思考。①

这便是 20 世纪 30 年代的博雅教育。正是博雅教育唤醒了杰斐逊的自主意识，激发了爱默生的自立精神。要想取得独立，获得自由，就要学会独立思考，不受任何人影响。这就需要我们为了学习而学习，这就需要博雅教育。

第二次世界大战结束后，由科南特组织的哈佛教授委员会发布了一个意义深远的声明，阐明了美国教育的目标。《自由社会中的通识教育》（*General Education in a Free Society*）不仅提出了一种教育理念，更为身处战后年代的美国公民提供了独立思考的建议。该委员会成员使用"通识教

---

① Quoted in Lester F Goodchild, "Transformations of the American College Ideal: Six Historic Ways of Learning," *New Directions for Higher Education*, no. 105 (Spring 1999), 15–16.

育"（general education）这一术语，大概是因为他们觉得"博雅教育"（liberal education）过于狭隘，不适用于大学教学。通识教育也是大学中曾经用过的一个术语，常用以表明"教育应该比任何一门单一学科涉猎更广"[①]。第一次世界大战之后，哥伦比亚大学开设了通识教育课程，尝试将具有重大历史意义的著作研究与当代世界问题联系起来。好几所大学也设立了类似课程，使大学课程更具直接相关性。[②] 这些课程将被定为"经典著作"类课程，所研究文本不属于任何一个科目，而是与校外生活息息相关。

既要有经受了时间考验的伟大之处，又要有与当下社会的相关性，这对科南特组建的这个著名的委员会来说至关重要。随着法西斯势力溃败以及共产主义势力日渐崛起，该委员会成员热衷于提供全国性教育框架，以引发对教育的关注和思考。他们构想，在一个现代的自由社会中，教育应该惠及个人，并且为加强社会凝聚力提供基础："总体而言，教育旨在做两件事：帮助年轻人发挥他们在生活中的独特作用，这必须靠他们自己找到那些共同领域——即公民和共同文化继承人共同分享的领域。"[③] 科南特担心寄希望于年轻人的"独特作用"可能会受到家庭经济状况的

---

① Louis Menand, *The Marketplace of Ideas*: *Reform and Resistance in the American University* (New York: Norton, 2010), 31.

② Louis Menand, *The Marketplace of Ideas*: *Reform and Resistance in the American University* (New York: Norton, 2010), 34. See also W. B. Carnochan, The Battleground of the Curriculum: Liberal Education and the American Experience (*Stanford*: *Stanford University Press*, 1993), 76.

③ *General Education in a Free Society*: *Report of the Harvard Committee*, with an introduction by James Bryant Conant (Cambridge, Mass.: Harvard University Press, 1950), 4, http://archive. org/ stream/ generaleducation03 2440mbp/generaleducation032440mbp_ djvu. txt (accessed June 2013).

限制，担心几十年后会进一步导致经济不平等。这样的不平等现象将使公民越来越不相信他们有"共同文化"，同时也意味着国家更有可能发生由阶级划分引起的社会动荡。在科南特为《大西洋月刊》撰写的两篇文章中，他阐述了旨在消除根深蒂固的不平等现象的两种杰斐逊式做法。① 他的第一个做法很明确，但对一个大学校长来说还是显得激进了：定期进行财富再分配，这样一来，上一代就无法将特权传给下一代。科南特认为受过教育的美国精英非常有公德心，能接受遗产税，允许政府遏制富人的经济优势，防止富二代的衍生；第二个想法是建立健全的公立学校制度，使任何背景的孩子都能得到升学的机会。他主张开发复杂的考试制度，以挖掘当代精英的潜力。高校应当招收那些拥有最高资质的而非最有背景的学生。在他看来，为了实现这一切，我们需要有完善的考试选拔制度和数量可观的助学金。记得杰斐逊当时称之为"从垃圾中耙天才"；科南特的筛选方式最终被称为"学习能力倾向测验（SAT）"②。

教育将学生教化为公民，科南特强调："然而，更重要

---

① James Bryant Conant, "Education for the Classless Society: The Jeffersonian Tradition," Atlantic Monthly, May 1940, http://www. the-atkntic. com/past/docs/issues/95sep/ets/edcla. htm (accessed July 2013); and "Wanted: American Radicals," Atlantic Monthly, May 1943, http://www. theatkntic. com/past/docs/issues/95sep/ets/radical. htm (accessed July 2013).

② 这是尼古拉斯·雷曼最近称科南特为我们当代精英模式创始人之一的原因。Nicholas Lehman, *The Big Test: The Secret History of the American Meritocracy* (New York: Farrar, Straus and Giroux, 1999), 5-8. 也可参见雷曼1999年10月7日接受《大西洋月刊》的一次采访，网址：http://Avww. thejatlantic. com/past/docs/unbound/interviews/ba991007. htm (accessed July 2013).

的是，他们必须已经准备好踏上最合适的机遇之梯的第一
道横杆。对背景各异的学生来说，每个人都必须能找到适
合自己的梯子。"就像博雅教育对于杰斐逊的意义一样，对
于科南特而言，在竞争激烈的社会里必然会出现不平等现
象，而通识教育就是要抵消这些不平等现象导致的消极附
带结果。① 杰斐逊担心以那些继承家族财富的幸运低能的人
为基础而产生的"非自然的贵族"；科南特则担心共产主
义激进分子会利用阶级差别煽动阶级革命，最终建立一个
以官僚的"自由平等"为特点的极权主义国家。科南特委
员会阐述道："通识教育的根本观点是利用通识教育制衡和
应对各团体之间的分歧。"② 为一个自由社会设置的课程旨
在促进人才茁壮成长，同时扩大"普通男孩"的视野。
"它可以同时实现两个目标：发挥学生的能力；提高他们的
平均水平。如果人们予以支持，那么要实现这两个目标并
非遥不可及。"③ 在多元社会中形成共同的支持态度，这是
个非常具有美国特点的挑战，是通识教育所面临的挑战。

　　哈佛大学委员会的报告被戏称为《红皮书》，该报告探
讨了发展通识教育所面临的主要障碍：学生和教学材料的
多样性。现代美国人有着不同的生活环境，来自不同的背

---

① 科南特在哈佛大学也是一个奖学金的拥护者，保护有天赋但经济困难的学生。Louis Menand, The Marketplace of Ideas: Reform and Resistance in the American University (New York: Norton, 2010), 38.

② *General Education in a Free Society: Report of the Harvard Committee*, with an introduction by James Bryant Conant (Cambridge, Mass.: Harvard University Press, 1950), 14, http://archive. org/stream/ generaleducation03 2440mbp/generaleducation032440mbp _ djvu. txt (accessed June 2013).

③ Ibid., p. 35.

景。此外，科学技术以惊人速度发展，而且在这些新兴领域中使用了不同方法。对这些人和这些科目来说，什么是统一的因素？应该由谁来决定什么才是大部分人都应该知道的？为了回答这些问题，专业委员会调查了一些传统媒介，但最终它强调应该重视传统和实验。传统是形成社会凝聚力的关键要素，而实验有助于循序渐进地推进改革。一旦实验计划被证明是成功的，就将成为传统的一部分。该委员会并不是试图论证一些作品明显优于其他作品，而是想指出长期以来西方社会已承认的某些著作是传统的一部分。该委员会提请注意教育的修辞框架有值得认可的特点，认为向来被受过教育的精英所阅读的那些书应该是我们要学着阅读的书。"现代民主的任务是在保持博雅教育这一古老理想的同时，尽可能让它惠及所有社会成员。"① 为了表示认同现代科学研究和教育的哲学框架，该委员会坚称现代民主制度下的通识教育与具有近期效益的具体研究相辅相成，至少与生成具有潜在生产力的实验所做的具体研究相辅相成。对经典著作的尊重，必须和有助于生成新知识的深入研究齐头并进，相辅相成。

《红皮书》所称道的综合性，不仅要满足中学生的文化适应能力以及技能培养的需要，还要满足高校培养学生进行高级研究的要求。教授们已经意识到，高中生人口的构

---

① *General Education in a Free Society*：*Report of the Harvard Committee*, with an introduction by James Bryant Conant（Cambridge, Mass.：Harvard University Press, 1950），53, http：//archive. org/stream/ generaleducation03 2440mbp/generaleducation032440mbp _ djvu. txt（accessed June 2013）.

成不断变化，致使美国不同地区的中学很难找到共同的传统。毕竟，有些学校位于偏远的农村，学生很少，毕业以后可能是到农场工作；另一些学校位于城市，学生正经受着经济发展新趋势所导致的淘汰压力。《红皮书》的撰写者们也意识到：在致力于培养专业人才的大学体制下，很难找到教授来传授具有一般价值的课程。"本科大学生接受教授们的教导，而这些教授之前都曾是在研究生院接受的培训，专业化理想对这些教授有决定性影响。而现在的教育是多元化的，已被分成各种专业。"① 然而，"专业主义"的胜利并不限于大学。该委员会指出，如今我们整个社会都仰赖专业技术；在这种背景下，博雅教育的重要性不言而喻。《红皮书》指出："我特别需要有一种智慧来帮我判断谁是专家，谁是冒牌货……从这一点来看，博雅教育的目的可被定义为培养学生强烈的批判意识，借以表明他们可以胜任任何领域的工作。"② "强烈的批判意识"是《1828 年耶鲁报告》中的"严谨的思维能力"在哈佛大学的变体。对这两者而言，博雅教育是抵消现代化之向心力的手段。专业化是分裂的现代形式，这个分裂现象将导致不平等现象，最终导致社会动荡，甚至更糟糕。从公民和学者的角度出发，博雅教育（以及它的公众形象——通识教育）是为了给这种现代趋势提供一种"制衡力"。《红皮

---

① *General Education in a Free Society: Report of the Harvard Committee*, with an introduction by James Bryant Conant（Cambridge, Mass.: Harvard University Press, 1950），56, http: //archive. org/stream/ generaleducation03 2440mbp/generaleducation032440mbp _ djvu. txt（accessed June 2013）.

② Ibid., p. 54.

书》进一步明确了这一共性所强化的"思维特点"：有效
思考的能力、有效沟通的能力、准确判断的能力和准确辨
别价值的能力。① 所有公民都要具备这些思维特点。开设以
传统文化和现代实验为基础的系列课程，能逐步培养与这
些特点息息相关的自我意识。至少，这是一个希望："如果
学生能领会到自己使用的方法，并清楚地明白自己所做的
预设，就能学会如何摆脱专业的局限性，产生不受任何东
西束缚的观点。"②

　　在公共领域中超越一个人的个性以及个人利益或阶级
利益的影响，对大力宣扬个人权利和个人自由的共和国来
说，是一个长期的挑战。要应对这一挑战，关键是要对自
己的邻里或同胞有"共同的支持态度"。对大学教师来说，
这一挑战表现为要超越自己的系部，克服专业化导致的官
僚主义。正如我们上面所提到的，学校通过体育活动和其
他活动弘扬学校精神，鼓励学生培养"共同的支持态度"。
什么才能给大学教授带来归属感？20 世纪 50 年代到 60 年
代，有许多人在努力定义什么是高等教育中的博雅教育的
领域、分布要求（Distribution requirements）或基本能力；尽
管如此，对那些重视教师科研业绩的大多数大学来说，在
专业化时代要保持共同的学业目标是一个十分艰巨的挑战。
正如《红皮书》中所建议的，虽然大学要求开设人文科学、

---

① *General Education in a Free Society*：*Report of the Harvard Committee*, with an introduction by
James Bryant Conant（Cambridge, Mass.：Harvard University Press, 1950）, 73, http：//archive.
org/stream/ generaleducation03 2440mbp/generaleducation032440mbp ＿ djvu. txt（accessed June
2013）.

② Ibid. , p. 64.

社会科学、自然科学的通识课，但各系部的趋势却是产生越来越多专业化的课程。毕竟，那是教师受过培训学习如何去教授的内容。①

哈佛大学的《红皮书》认为，要通过教育创造共同目标意识，就要面临两大挑战——人的多样性问题和知识的多元化问题。自从杰斐逊时代起，这两大挑战给自杰斐逊开始一直持续到现在的博雅教育大讨论蒙上了阴影。为了应对这两大挑战，将专业项目植入大学生之大学体验的专业研究型大学应运而生，但同时也加剧了挑战的难度。教师专业化的形式基于如下观念：无论大学要求研究人员达到什么专业化水平，大学都应该自由地追求知识。这就意味着政府、教会或商业部门不应加以干涉，同时学生也不受某些智力要求和社会要求的限制。因此，当各所大学开始"抢名师"大战时，首先提供的待遇都是减少教授的授课人数。这并非巧合。

显然，《红皮书》回应的是 20 世纪上半叶大学里所发生的重大变化，但二战后的三十年"可能是美国高等教育史上最动荡的时期"②。根据《退伍军人权利法案》（G. I.

① 教育历史学家对《红皮书》中的信息扭曲做了很好的查证。比如，Phyllis Keller, *Getting at the Core: Curricular Reform at Harvard* (Cambridge, Mass.: Harvard University Press, 1982), 17, 在以下两书中都有所引用: Louis Menand, The Marketplace of Ideas: Reform and Resistance in the American University (New York: Norton, 2010), 43, and in Harvard's Report of the Committee on General Education (Cambridge, Mass.: Harvard University Press, 2005). 梅南是 2005 届哈佛大学委员会委员。

② Robert L. Geiger, "The Ten Generations of American Higher Education," in *American Higher Education in the Twenty-first Century: Social, Political and Economic Challenges*, 3rd ed., ed. Philip G. Altbach, Patricia J. Gumport, and Robert O. Berdahl (Baltimore: Johns Hopkins University Press, 2011), 60.

Bill），数以百万计从战场上归来的士兵重返大学，年轻人追求本科学位的比例在 1940 年到 1970 年期间增长了两倍，这种增长比例对所有院系都有影响。研究生课程和社区学院急剧扩大。很多人似乎都支持博雅教育这样的自由学习，这就意味着：即使是职业性课程，通常也要加强文科课程和理科课程的设置。大型公共机构的规模变得越来越大，而私立大学的招生要求越来越严苛，比以往任何时候更注重支持教师搞科研。1957 年俄罗斯发射人造卫星之后，联邦政府成为教师科研的主要投资者，包括资助设施和研究生。联邦政府和州政府的资助以及入学率的增长为教育注入了巨大的能量，历史学家将其描绘成教育的"黄金时代"。①

　　在这个扩张时期，人们普遍认为：大学提高了学生的文化素养，同时也为他们的职业生涯做好了准备，从而使数以百万计的学生成为教育的受益者。与此同时，大学也创造了知识。教师对课程、受聘和教师之间的学生排名的控制权限是很不全面的。这是瑞斯曼（Reisman）和詹克斯（Jencks）在 1968 年出版的《学术革命》（*The Academic Revolution*）一书中所说的"学术生活的专业化"。在那些制定行业标准的名牌大学中，教授控制研究，并花费大量时间和心力监督研究质量。他们通常属于专业协会，渴望在重

---

① Robert L. Geiger, "The Ten Generations of American Higher Education," in *American Higher Education in the Twenty-first Century: Social, Political and Economic Challenges*, 3rd ed., ed. Philip G. Altbach, Patricia J. Gumport, and Robert O. Berdahl (Baltimore: Johns Hopkins University Press, 2011), 60-61.

要期刊上发表成果——他们的研究成果是否值得出版，由这些期刊所聘请的资深专家来决定。但是，大多数美国高校还没什么开创性研究成果。他们的任务是教学。那么，应该由谁来监督教学质量？瑞斯曼和詹克斯的书出版时，另一个革命正在兴起，那就是学生革命。这里且不讨论这场革命的起因和影响，但我们应该注意到，在很多学校，学生是教学质量的监督人。这种监督有时是分阶段进行的，学生中间会流传着一份非官方的教授排名，这已经成为校园文化的一个组成部分。和其他课外活动一样，大学最终设法使这些过程正式化了（在某种程度上得到了改良）。如今，全国绝大多数高校都采取学生匿名评价上课质量这一做法。这是一个有可能说服教师给予学生权利的平台。当然，一个教授是否是个优秀的教师，是否好得足以续聘或上职称，决定权还是掌握在教师委员会和高校办公室职员的手中。但他们用以考核教师教学质量的大量信息来自学生的满意度调查结果。詹克斯在他 2002 年版《学术革命》的引言中解释道："因此，大多数教育机构的压力都很大，学生想要什么，就给他们什么，而不是教授成年人认为学生应该掌握的东西。"① 学生想要什么东西，就满足他们，这并不会影响教授的研究日程。因此，在许多学校，这种做法似乎并未影响教师的看法，他们还是觉得控制他

---

① Christopher Jencks, "Introduction to the 2002 Edition," in Christopher Jencks and David Reisman, *The Academic Revolution* (New Brunswick, N. J.: Transaction, 2002), xii. 他指出："大学教师很少到其他教室走访，即使他们这样做了，也很少说一些重要的事。因此，高校教学从未采取研究的专业化方式。"

们的仍是他们视为学校之学术核心的科研业绩。

越南战争结束后，教师控制专业研究日程，学生对教学质量进行评估，这两者共同作用，改变了校园的政治动态。有些教授在自己的学生时代也抗议过，因此对大学生提出的政治要求通常会表示理解——只要这些要求不妨碍行业协会对科研进行调控。在大多数校园里，教授和学生似乎都认为其实他们喜欢"选择"。1968 年出版的《斯坦福大学教育研究》（The Study of Education at Stanford）指出："不管结果如何，教师应自由地追求自己的知识兴趣。在其他条件相同的情况下，学生应该享有同样的自由。"[①] 但是，如果教师想教什么就能教什么，或学生想学什么就能学什么，而且都把这个权利看得比什么都重要，他们就不可能很好地真正践行博雅教育。[②] 这是 20 世纪初艾略特在哈佛大学倡导的"选课"制度的最新发展形式。哥伦比亚大学（Columbia University）、芝加哥大学（University of Chicago）和圣约翰大学（St. John's University）等大学保留了一组核心的必修课，但这些通常只是由非全职教师授课的少量课程。《红皮书》的撰写者们所赞成的分布要求含有若干自然学科、若干人文学科，也有若干社会科学，这才是学校针对培养"全面发展的学生"这一理想给出的一种姿态。

---

① *The Study of Education at Stanford: A Report to the University* (1968), 1: 3, 2: 10, cited by W. B. Carnochan, The Battleground of the Curriculum: Liberal Education and the American Experience (*Stanford: Stanford University Press*, 1993), 97.

② 出处同上，第 2 期第 24 版，第 1 期第 14 版，参见 W. B. Carnochan, The Battleground of the Curriculum: Liberal Education and the American Experience (*Stanford: Stanford University Press*, 1993), 97-98.

这使教师得以继续开设与其研究相关的课程，哪怕课程非常具体；这使学生可以选择自己喜欢的主题或最受欢迎的老师。自由学习似乎被认为是获取自助餐式特定主题的门路，学生可以自行增加主题。最后一点很重要，因为学生群体越来越多样化，要求开设的课程不仅仅是过去（尤其是人文及社会科学中）颇受青睐的流行欧美的课程。大学要在课程体系中添加一些与以前被边缘化了的群体有关的课程（尤其是体现热门研究领域的那些课程），但学生们表示反对。

20 世纪 70 年代，教师可以教他们想教的，学生可以学他们想学的，这两种自由共同作用，开始明确界定了研究型名牌大学和博雅学院的许多教师和学生的学术经验。专业化是有要求的——生物学家必须对某些事物有所了解，经济学家和历史学家亦是如此——但只有"课程分布（Distribution）"体现整个课程体系的特点。哪些研究被认可，取决于某个领域的终身教授们组成的行会；哪些课程好，哪些教师出类拔萃，则取决于学生满意程度这一交流平台。至于整个大学的使命，我们只能抱着最渺茫的希望，希望学生和教师的选择能相互作用，从而形成某种无形的力量，从中培养使命感。

正是在这种背景下，艾伦·布卢姆（Alan Bloom）针对这种情形撰写了《美国精神的封闭》（*The Closing of the American Mind*）（1987）。这本书做出了一个挑衅性的（对很多人而言是令人恼火的）批评：我们的大学已暴露出民主

生活（对布卢姆而言，是经济生活）中最糟糕的特点，表
现为自以为是的相对主义，以忍耐为幌子掩盖它没有能力
认真处理关于真理和价值的诸多问题这一事实。二战快结
束时，布卢姆在芝加哥大学学习，成为列奥·施特劳斯
（Leo Strauss）的弟子，逐渐成长起来。他对由教授和学生
构成的文化群落颇有微词，认为这两种身份的人都已经失
去了使用认知力和判断力的能力。和施特劳斯一样，布卢
姆发现不健全的相对主义正在削弱西方人的智力水平，降
低西方的道德素质。在这个似乎只有宽容才重要的国度，
真正的善与恶遁形了。布卢姆斥责道：如果全面发展是教
育公认的唯一美德，学生们将永远不会遭遇到他们应该学
着去应对的那些基本冲突和需要他们做出人生选择的场合。
如果每个人都有"发表个人意见的权利"，那就没有真相，
因此任何人的意见都不是真正重要的。每个人都欣欣然地
（或至少是自以为是地）把自己锁在学术多元化国度的筒仓
里。科学家不断追求下一个研究目标，全然不管其研究到
底有什么应用价值和推广意义（因为他们认为没必要对应
用价值进行科学分析）。文学评论家认为捍卫经典的伟大著
作不再是件令人愉悦的事——那些经典名著以前是学生的
必读书目，有助于他们思考关于人类存在的那些永恒的问
题。当时的哲学家更感兴趣的，不是如何阐释个人正义和
公共正义之间的冲突、社会不平等或自然权利，而是如何
展示他们在逻辑学和语言学方面的技术知识。布卢姆认为，
快乐的相对主义是由于美国另类地把历史主义和尼采的视

角主义相结合而引起的快乐相对主义，使我们无法考虑那些基本问题——几百年来，西方文化中的院校、修道院、专科学院和大学一直在思考的那些问题。布卢姆写道："因此，大学的任务兴许不那么容易执行，甚至不容易被人记住。但非常明确的是，首先大学始终得把这些永恒的问题放在首要和中心位置。要做到这一点，主要是通过保护很好地阐释了那些问题的那些人所撰写的著作，使这些著作永葆价值。"① 但是，在现代研究型大学里，人们不再会一致认为存在"永久的问题"，更不会一致认同什么是"永久的问题"。关于哪些著作很好地阐述了具有永久的重要性的问题，教师也难以达成共识。这不是学生在研究生院接受专业教育期间所要涉及的知识。

　　布卢姆的伟大观点很多，其中最令人感兴趣的是，他声称：当"博雅教育"和当代的相对主义相联系，就显得很空洞。在他看来，我们承认历史和文化的重要性，从而逐渐使自己变成相对主义者。我们开始意识到：要想理解不同的历史时期或不同的文化，就只能从内部着手加以理解，而不是依从任何自然标准或哲学标准。在教育中，这种历史主义导致如下假设：多样性——任何多样性——都会产生通识教育，因为没有一个具体的文化产品可以说是凌驾于其他文化产品之上的。正如实用主义创始人杰里米·边沁（Jeremy Bentham）所言，图钉和音乐或诗歌同样

---

① Alan Bloom, *The Closing of the American Mind* (New York: Simon and Schuster, 1987), 252.

好。这就解释了为什么在布鲁克林大学（Brooklyn College）莎士比亚文学课或业余电影制作课都可能满足同一个分布要求。常识性文明使我们不敢去评价自己所学材料的优缺点，唯恐这样做会冒犯别人。布卢姆写道："令人震惊的不是相对主义的道德堕落，而是我们接受这些相对主义时表现出来的教条主义，以及我们对生活意义所表现出来的漠然和无所谓的态度。"①

布卢姆坚决主张：为了认真对待这些基本问题，我们必须做好准备，去发现我们文化群落里的人对这些问题的反应（或另一个文化群落里的人对它们的反应）是错误的。大学不应该仅仅是为了推进最新技术而进行政府资助型科研，也不应该仅仅是为了批判政府的资助优先权而维持捐赠基金支持型科研。对布卢姆而言，大学应该是允许年轻人提问的地方，这些问题不一定要即时有效，但关注的是人之所以为人的核心问题——这些问题挑战我们的日常习俗以及内心最深刻的价值观，推动我们去探索"我们是谁？""我们会成为谁？""博雅教育完全意味着帮助学生对自己提出'人是什么？'这个问题，让他们意识到这个答案既不是显而易见的，也不是完全不可回答的，让他们意识到他们还真不能自我鼓吹，说这并不是一个需要持续关注的问题……受过博雅教育的人不会轻易接受看似理所当然的答案，不是因为他固执，而是因为他知道还有其他

---

① Alan Bloom, *The Closing of the American Mind* (New York: Simon and Schuster, 1987), 239.

值得考虑的答案。"① 布卢姆的著作击中了美国教育者和公众的要害，其中一个原因是他想让读者去思考那些不同层次的反民主的答案。普通文化群落赞同（至少官方是这么说的）民主和平等，而大学应是各种非常不同的可能性都应得到发展的地方。他对学术界非常愤怒，因为他觉得：大学里那些自以为最进步的力量其实最墨守成规，因为他们按照现代偏见行事。虽然主流学术的评论把布卢姆描写成一个政治上保守的人，但他在《美国精神的封闭》一书中抱怨大学因循守旧。他热爱大学，认为大学能让人从当代传统中看到非传统性。但在他看来，学院已成为支撑后启蒙假设的媒介。"进步"这一概念及产生这一概念的历史相对主义本身所回应的，就是在特定的时间和地点产生的人类状况中的基本的紧张局势。布卢姆认为，我们正在慢慢忘却那些导致相对主义的、包含有各种相对主义替代学说的传统。我们过去无视这些替代学说，甚至为此沾沾自喜。

布卢姆对大学的攻击遭到了极其猛烈的回应，因为他语气傲慢，喜欢批评任何被认为是进步的东西，而且在他的论证中总以自己的印象作为足以展示其辩论术的证据。戴维·里夫（David Rieff）在《泰晤士报文学增刊》（*Times Literary Supplement*）中对《美国精神的封闭》这本书做过非常偏激的评论，宣称这是一本"任何正派人士都会因为写

---

① Alan Bloom, *The Closing of the American Mind* (New York: Simon and Schuster, 1987), 382.

了这样的书而感到羞耻”的书。但事实上，布卢姆写了一本让广大读者非常喜欢的反民主的书，这引起的可不只是反感。① 随后，卡米尔·佩格利亚（Camille Paglia）指出，《美国精神的封闭》打响了文化战争的第一炮；紧接着，愤怒的文章一波又一波地涌了过来，炮轰知识分子、教授、学生，或是炮轰年轻人。对一些人来说，这个问题意味着放弃经典著作；对另一些人来说，这是屈服于西方文化中的“他者”；在一些观点最犀利的评论家看来，这问题存在于一心想把他们自己的世俗的、反基督教的方式灌输给年轻人的那些“享有终身职位的过激分子”身上。其实所有攻击都指向一点：大学没能为大学生提供共同的智力体验——没了这些体验，就难以保存与先辈们所认为的基本学识之间的某种连续性。还有一些人批评大学，要么是因为持续的传统偏见使弱势团体处于边缘化的地位，要么是因为大学默许有些企业文化试图把校园作为培养经理人的工具。

在 20 世纪 80 年代和 90 年代，文化战争肆虐，高等教育成了主战场。教什么？教谁？我们应该还没忘记哈佛大学校长艾略特的信念，即博雅教育将进一步拓宽教和学的范围，因为大学的研究生课程专业界限已慢慢消失，将近学院水准。然而，由于本科生要上的课程的数量基本保持相同，一旦增加新的课程，就要淘汰其他课程。一门课程

---

① David Rieff, “The Colonel and the Professor,” *Times Literary Supplement*, September 4, 1987, 950, 960.

再不怎么受欢迎，也会有人喜欢，因为这些人真的只是不相信有人"在不知道什么什么的情况下居然也能从这所大学毕业！"就像在 19 世纪，抗议的普林斯顿毕业生惊呆了：竟然不是所有人都必须学习古拉丁语和希腊语！20 世纪末，斯坦福大学（Stanford University）毕业生惊呆了：名牌大学的毕业生竟然从没上过关于荷马和莎士比亚作品的课！正如 W. B. 卡诺坎（W. B. Carnochan）指出，出现这种现象的部分原因是文化概念本身在变化。① 20 世纪后期，一代又一代的学生和教授以阿诺德文化观代替宗教信仰——认为这种文化观是我们高尚精神的来源，也是达到至善境界的道路，然而，当时占支配地位的是人类学文化观。这意味着，文化不被看作是高尚的思想和崇高的艺术的领域，而是被看作将某个民族的人联系在一起的惯例。换言之，这个人类学观点对文化和传统缺乏明确的辨别。挑选"伟大的传统"以提升学习没有任何意义。认为文化就是惯例的人类学观点起到了消除差别的作用，具有某种民主诉求，因为它避开了价值观问题，更不谈及伟大之处。但是，如果文化学习不能使人变得高贵，为什么还要学习？文化学习是教育的修辞传统的一部分，强调要敬畏经典著作。如果没有崇高的志向去更好地理解使人类背景得以构建的那些永恒的问题，那么广博的学习又是为了什么？在世界的不同地方接触不同的传统之后会不会产生一种共性？如果

① W. B. Carnochan, *The Battleground of the Curriculum: Liberal Education and the American Experience* (Stanford: Stanford University Press, 1993), 103-106.

我们没有达成关于教育目标的共同认识，甚至在高等教育中也没有，那么职业教育论似乎比以往任何时候都更强势。如果教育仅仅是教人学会如何按照社会习俗行事，那为什么不只学那些能助你成功的习俗呢？

我们看到，在整个 20 世纪，人们在努力调整大学生的学习内容，使他们做好准备，去从事学术界内或学术界外的专业化工作。真正的博雅教育将是实现进一步专业化的基础，或是终身学习或深化经验的前提。然而，在过去的几年中，我们听到了批评学院的新声音。那些当代批评家不再寻找"真正的自由学习"，而是呼吁一种只是致力于让人们能在经济生活中获得合适角色的教育。从这个角度看，教育是你购买的东西，应该被看作投资，或者是你付钱后别人给你的"体验"。

当前经济低迷，失业率居高不下，人们比以往任何时候都更关注"上大学是否值得"这一问题。在过去的 25 年，高等教育的成本急剧上升。与此同时，学生就业前景却很黯淡，他们需要背负更多债务，这些使人们越来越关注许多人所谓的"高等教育的泡沫"。效率低下，定价策略和营销策略奇特，在一些似乎与教学和科研没什么直接相关性的领域往往会产生基础设施成本和运营成本，这些无不使人们开始密切审视相关教育部门。对于学生及其家人所说的想从"大学体验"中获得的那些东西，学校应该如何回应？这些回应（和要求）将如何导致成本上升？高等院校的学生能否按时毕业？如果真的毕业了，能否让他们有获得感？各个家庭都试图明确大学生能从学士学位中得到什么"投资回报"，越来越多的人急切地问起上述（以及更多的）问题。

这些问题在各个时期的表现形式各不相同，过去提出这些问题是为了引导大学提供我们想要的真正的博雅教育。换言之，过去的批评家旨在扩大博雅教育的范围。然而，近些年来，批评家更进一步（或者说是后退？）了，认为有些人根本不需要大学所承诺的广博教育，因为这些人在工作中根本不会用到先进的技能。大学学费和效率研究中心（College Affordability and Productivity）负责人理查德·维德（Richard Vedder）认为："最大的问题在于我们培养的大学毕业生人数远远超过了实际需要的高薪管理人员、技术人员和专业人员的总人数，但大多数大学毕业生通常都会被这些职业吸引。你真的需要一个化学专业的学位才能调出一杯好喝的马提尼酒吗？美国劳工部声称：大约有三分之一的大学毕业生所从事的工作不需要学士学位。"[1] 维德相信"市场机制"——他认为，如果大学毕业生继续找那些与自己的大学教育没什么相关性的工作，以后就会有很多家庭认为上大学没什么意义。

化学专业毕业的调酒师就相当于过去能愉悦而富有见解地阅读古典文学的农民，或是会引用莎士比亚名言的产业工人。在过去，这些"不搭的现象"有可能被尊为共和

---

[1] See Lauren Weber, "Do Too Many Young People Go to College?" *Wall Street Journal*, June 21, 2012, http://online.vvsj.com/article/SB 10001424052970203960804577239253121093694.html（accessed June 2013）.

国健全的象征；而如今，它们更有可能被看作教育是"浪费的"——不可货币化的——例子。可以肯定的是，纵观历史，美国目前只有少数作家和学者想了解为什么学到的东西不能应用到工作中。当然，目前的争议归结于学院办学成本高以及越来越多学生为了支付教育费用陷入了更深的债务旋涡中等事实。此外，如果我们鼓励更多人去拿大学学位，难道学位不会贬值吗？谁会想要加入一个会员众多的俱乐部？保守的全国学者协会主席彼得·伍德（Peter Wood）抱怨道："有太多学生上大学——太多的人是为了增强自身优势，太多的人是为了大学本身带来的好处。如果大学被过度发展，就再也不能实现其更深层次的目的。"伍德认为"更深层次的目的"应该牢牢建立在以下基础上："要使大学课程扎根于使大学延续了上千年的文明，要尊重严谨的科学研究和真正的学术成就。"这些目的类似于自由学习理念（大致就是《1828年耶鲁报告》所辩护的那种理念），强调"要坚决支持西方文明为本科课程提供最好的、最连贯的结构"①。如果高校试图成为对所有人来说都是最重要的东西，如果它们认为大学的使命是向所有具有高中文凭的人提供凭证，它们实际上就不是高效地使人们做好准备去工作，已经放弃了更深层次的目的。伍德和全国学者协会不是要倡导促进不断扩大的文科领域，而是

---

① See Peter Wood, "Helium, Part 11" a blog at Chronicle of Higher Education, July 23, 2012. http：//chronicle. com/blogs/innovations/ elium－part－2/33693. Also "Unfashionable Ideas," July 20, 2012, at the website of the National Association of Scholars, http：//ww. nas. org/articles/un-fashionab] e＿ ideas（accessed July 2013）.

让我们重新关注西方文明的共核部分——他们似乎借此表明欧洲和美国工业化之前的价值观。他们似乎也没有抱怨那些社会所特有的各种不平等现象。

美国现在拥有大学学位的年轻人（25 岁到 34 岁）在工业化国家中排名第十，拥有大学学位的年级较大组（35 岁到 64 岁）在工业化国家中排名第二。这两组中拥有大学学位的比例大致相同，均为 39% 左右。显然，其他工业化国家在指导学生接受高等教育方面更为成功。为了改变美国的这一趋势，奥巴马政府集中资源，其做法类似于卢米纳基金会（Lumina Foundation）。卢米纳基金会的目标是："到 2025 年将美国拥有高质量学位和证书的比例提高到 60%。" 近年来大学教育的意义发生了怎样的变化？对此，卢米纳基金会的工作提供了一个很有趣的范例。对这个资金充裕的基金会而言，"以知识为基础的社会和经济要想获得成功，先决条件是高等教育。" 这个基金会工作的重中之重是发展劳动力，但它确实承认："我们一旦达到目标，就能改善经济，加强公民参与度，减少犯罪，缓解贫困和降低医疗保健成本，简言之，能改善人类的生活条件。"[①] 拥有更多受过教育的公民的第二个好处与经济问题有关，但并不是局限于此。而公民参与度和人类状况的改善体现了长期以来与博雅教育联系在一起的一些积极作用。卢米纳基金会也致力于缩小少数族裔和白人学生之间在接受高等

---

① 卢米纳基金会网址：http://www.luminafoundation.org/bout—us/（访问时间：2013 年 7 月）。

教育方面的差距，以及由此导致的贫富差距。自杰斐逊以来，减少不平等状况一直是博雅教育支持者的目标。

但是，卢米纳基金会对高等教育的看法在某一方面与我们在上文讨论过的那些想法不同。这个基金会考虑的不是该教学生什么，而是更关注学生到底学了什么——这个组织实际上是一个广泛的国家运动的组成部分。在那些著名的学院和大学里，教授们已经重视如何赢得自己想教什么就能教什么的自由；在最好的情况下，他们关注学生为了完成专业学习应该选什么课程。但即便那时，专业通常被认为是为相关领域的研究生学习做准备——尽管绝大多数学生其实并不会进一步深造。对学生而言，他们关心的主要是哪些课的评价最好，哪个主修科目（辅修科目与双主修科目）最有可能让他们在毕业后获得成功。有时候教师和大学生联合起来，支持那些能反映特定的认同团体和政治观的学习课程。这些项目几乎从未被提议作为为所有人开设的必修课，但是，一旦被认可，它们将大大增加学术选择的机会。这么多选择，难以一一了解。在那么多课程中，这些选择又是如何与被认为是学生应该学的内容联系起来的呢？

卢米纳基金会得到了很多慈善机构和政府机构的大力支持，试图对那些高等教育中的“增值”因素进行评估，以改变这种乱糟糟的模式（如果不说师生们各自追求的目标是有冲突的，至少可以说是混乱的）。大学通过招生程序选择有天赋的学生，让他们修完四年大学课程，然后让他们拿上文凭离校，表示他们已经花了一定时间与其他同样很有天赋的人在教室里一起学习过，其实这远远不够。我们应该如何判断学生的大学学习是否提高了他们的智力技能？卢米纳基金会主席强调：评估学生学到了什么对"确保大学证书的相关性和价值是至关重要的"。在这句话中"证书"一词很重要。考虑到那些拥有高中文凭并想继续接受教育的有志学生所面临的各种选择，现在很多人认为只关注学士学位是错误的。他们高中毕业后可以拿到任何一个方面的文凭，或证书，或"证章"（微文凭）——从汽车电子到美容，从软件开发到人种音乐学。然而，是什么使大学文凭能成为凭证？在过去200多年的时间里，"文凭"前面加上"大学"二字通常表明持证人已完成"自由"学习——这种学习并不只是工具性的，也为学生学习更多知识做好了准备（并不一定与特定工作有关）。如今，很多人开始觉得"大学"这个词只是指一种继高中之后的学习形式。有人褒奖它，认为这种形式所回应的是需要以特定形式加以培训的劳动力所面临的现实挑战。也有人（比如彼得·伍德、理查德·维德和一群真的是七嘴八舌的特写稿版专栏作家）指出，强调将大学教育视为继高中毕业后的下一个自然阶段是不对的；他们认为，期待美国大部分人在18岁以后继续待在学校里是不切实际的。他们坚持认为，并非每个人都适合上大学，让所有人上大学只会弱化大学教育，使其失去真正的价值。

甚至连卢米纳基金会也并不认为大学适合所有人，但该组织致力于帮助美国把受过高等教育的人口比例从39%提升到60%，他们觉得这没什么好尴尬的，因为他们认为这是一个带有职业教育特点的目标。这个基金会的主席杰米·P.米拉索提斯（Jamie P. Merisotis）一次又一次引用了乔治敦大学教育和劳动中心主任安东尼·卡内瓦莱（Anthony Carnevale）的话："据本人估计，到了2018年，63%的工作岗位需要某种形式的高等教育或培训。和70年代中期相比，这是一个很大幅度的增长，当时只有不到30%的工作岗位要求高中以上的教育学历。"[1] 因此，当批评家们抱怨我们让太多的人进入大学接受教育时，米拉索提斯表示异议，认为我们的劳动力队伍将来需要掌握更好技能的人。为了保持国家竞争力，我们不需要更多有化学专业毕业的调酒师，但真的需要更多的人将科学原理应用到其职业生涯要求他们去做的各种工作中，这些工作是一直变化的。那些支持更传统的大学项目的人抱怨说，我们把本科经验和职业问题联系起来其实拉低了本科学习的档次；对此，米拉索提斯大胆批驳："关于高等教育，历史上有这么一个观点：大学不会为学生就业问题搞培训；现在我们必须摒弃这个观点。我们当然要对他们进行培训，让他们就业。但这并不意味着这是我们唯一要做的事；但是，否认'发展工作技能是高等教育的主要目的之一'这种态度越来越站不住脚了。教育还必须教会学生如何去适应变化的环

---

① Jamie P. Merisotis, "The Difference Makers: Adult Students and achieving Goal 2025," 2011, http: //www. luminafoundation. org/about is/president/speeches/2011 - 11 - 03 - the_ difference_ makers-adult_ students_ and_ achieving_ goal_ 2025. html（accessed July 2013）.

境——任何时候都是如此，如果他们的生活发生变化，工作有所发展，或者出现了新的机会，他们必须以某种方式去适应。"① 这与富兰克林时期的博雅教育的目标十分吻合：教会学生如何适应随着时间的推移而发生的变化，"因为他们的生活在改变。"

美国学院及大学协会（American Association of Colleges and Universities，简称 AAC&U）与卢米纳基金会的观点一致，认为将专业技能培训整合进学术之旅的做法对大学生毕业后走上工作岗位很有助益。为了彰显大学教育对培养受过教育的公民、有活力的经济以及共同文化具有重大意义，美国学院及大学协会提出了强有力的理由，以证明博雅教育与现代社会具有相关性。它强调广博的综合学习能够增强学生的社会责任感，"基础学习的成果"能为学生应对经济全球化做好准备。② 美国学院及大学协会不仅慷慨陈词，表明了自己对职业培训的拥护态度，而且竭力保证不让学生在毕业时产生所获学位并不是那么严格、那么有意义的感觉。卢米纳基金会在一份"学位资格认定简介"的基础上形成"共同的质量定义""可供各领域的学生参照的学位认定标准基线"。以下是正处于高等教育阶段的学生必须为之努力的五个"基本学习模块"：广博的综合知识、专业知识、智力技能、应用型学习以及公民学习。每

---

① Jamie P. Merisotis, "It's the Learning, Stupid," lecture at Claremont Graduate University, 2009, http：//www. 1 uminafoundation. org/about_ us/ president/speech es/2009-10-14. html (accessed July 2013).

② 参见站点 aacu. org，特别是教育援助合作项目（LEAP）。本人是美国学院和大学协会的理事。

个教育机构的成员都应致力于制定自己的标准，以成功展示他们的学生的确已经取得进步，而学生们应该了解自己在努力获取学位时应该符合什么样的期望值。当下的博雅教育注重把不同技能整合到以项目为导向的课堂中的能力，以及把课堂中所学的知识应用到校外工作中的能力。美国学院及大学协会的最终目标是将与博雅教育相关的一些传统素质和大学生毕业后走出校园所要面临的世纪挑战纳入大学教育规划。[①]

如果说这些组织正在重新改造博雅教育，蒂尔基金会（Thiel Foundation）则提议彻底摒弃博雅教育。随着技术经济变革的步伐加快，这种教育模式似乎已经过时（至少对那些天资聪颖的学生而言）。彼得·蒂尔（Peter Thiel）本科就读斯坦福大学，后来在该校的法学院继续深造，他是坚持认为我们的教育存在泡沫的人之一：由于社会上出现了担保助学贷款之类的虚假支持，由于家长们以为自己正在选择投资，殊不知他们其实是在选择消费，以致高等教育费用不断飙升。[②] 其中最后一点很重要，因为蒂尔发现：许多学生选择读大学的真正目的不是想要为未来做准备，而是想要拥有一段大学生活的经历。这么说也许太过委婉。

———————

① 本段引用卢米纳基金会官网："Degree Qualifications Profile," http：//www. lumi-nafoundation. org/? s=%22Degree+Profile%22&x=0&y=0（accessed July 2013）. 也可参见美国学院和大学协会发布的关于博雅教育的一篇文章："as a nation goes to college," http：//www. aacu. org/re-sources/liberaleducation/index. cfm（accessed July 2013）.

② 参见蒂尔 2011 年 1 月 20 日在《国家评论》（*National Review*）上发布的评论："Back to the Future with Peter Thiel," http：//www. nationalreview. com/ar-ticles/257531/back-future-peter-thiel-interview? pg=3（accessed July 2013）.

他把大学称作一个为期四年的派对。① 他想让家长们明白他们是为了让孩子参加派对而花钱，并不是为孩子的未来做投资。就像过去的房子一样，现在的大学成了为未来投资的幌子。大多数情况下，上大学不过是一种消费行为，大学不过是一个为期四年的派对，就像购买了一间带大泳池的房子一样，这不是投资，只是消费。② 蒂尔自然也注意到大学毕业生参加工作之后比那些只取得高中学历的人薪酬高很多，但他认为（一些人也曾有过同样的观点）这是因为大学择优录取，上大学的人本来就是比较容易成功的人——大学教育并没有使学生的生命增值。当然，这种将大学视作投资的范例只关乎一件事：那就是经济价值。一切只与金钱有关。

不过，蒂尔并非只是说说而已。蒂尔投资贝宝（PayPal）购物网站和创立社交网站（Facebook）的决策很明智，因此他有足够资金将自己的想法付诸行动。他创办了一个知名度较高的协会，专门资助中途辍学的大学生。20 个 20 岁以下的年轻人拿到了 10 万美金，用以"从事创新科技项目，学习创业学以及着手创办新型明日企业"③。还有企业家、科学家和思想领袖指导这些跃跃欲试的参与者。该项目筹划周密，引起各界媒体的关注。与枯燥乏味、传统呆

① 这是高等教育的当代话语中反复出现的主题。参见 Craig Brandon, *The Five-Year Party: How Colleges Have Given Up on Educating Your Child and What You Can Do about It*）（New York: Benbella Books, 2010），还可参见 Richard Arnum and Josipa Roksa, *Academically Adrift: Limited Learning on College Campuses*（Chicago: University of Chicago Press, 2013）.

② 参见蒂尔的评论。

③ http://www.thielfellowship.org/（accessed July 2013）.

板的学院不同，它别开生面，很有创意，为人们提供了新的选择。以下这段话引自蒂尔基金会的新闻稿："权威专家以及关注时事的人常常说大学是通往成功人生的唯一途径，实际上，一个人如果具有一颗追根究底的心，并能积极尝试解决难以消除的复杂问题，就能像设施豪华的学院派实验室一样轻而易举地改变这个世界。1665 年，伦敦发生了一场可怕的瘟疫，剑桥大学（University of Cambridge）被迫停课，但正是在这段时间里，艾萨克·牛顿（Isaac Newton）自主学习，发明了微积分。一个人要有进取心，这才是真正的关键。"① 自我导向、积极进取、勇于冒险，这些（以及能寻得硅谷资本）是当代青年的理想特质。"能够成就一番事业的人都迫切地将自己的想法付诸实践。他们想要改变世界，并已经以某种方式付诸行动。"② 教育只会让这些肩负使命的人分心。"我们想说的是，那些天资聪颖、禀赋极高的人用不着上大学。"③ 在此我们不是在讨论传统、实验或全面发展。诚然，蒂尔所要培养的创新意识首先需要一个人有智力；但在他看来，成功的人是专注的，而非广博的；那些人身上会表现出急躁的情绪，也是情有可原的；为了安抚他们，必须对他们进行专项训练，而非博雅教育。

我们应该还记得艾伦·布卢姆关于高等教育的主要观

① http：//thie] foundation. org/index. php? option = com_ content&view = article&id = 33：peter-thiel-announces-2012-class-of-20-under-20-thiel-fellows&catid =1：commentary&Iternid = 16（accessed July 2013）.

② http：//www. thielfellowship. org/become-ci-fellow/faq/（accessed July 2013）.

③ 参见蒂尔的评论。

点，不过由于他经常会发出意识形态的咆哮，而且总装出一副伪哲学式的姿态，人们往往会忽略他的这一番见解。他认为大学应该判断哪些知识值得学习以及因何值得学习，但大学都忘记这个责任了。对于这个失职行为，人们的批评声铺天盖地席卷而来。有人认为高等教育应该回归原态；有人认为应扩大高等教育的范畴，以确保在现代民主国家中的学习机会；有人认为高等教育与这个日新月异、受技术驱动的世界渐行渐远。无论我们认为现在的大学继承的是艾略特所提出的不断扩大的选修课范围，还是认为继承的是麦克考什所主张的通过分布要求控制学生对学习的选择这一做法，布卢姆认为当今的大多数大学似乎都没能清楚地说出学生的学习需求，他的这一观点都是对的。这本是全体教师的职责，但教授们自然会想到自己曾经学过的科目，而高度专业化的专业训练对教授们关于整个课程体系的考量并无进益。至于大学的管理者，他们有很多选民要去取悦或者憎恶，不愿搅入这场辩论中。1987 年，布卢姆关于高等教育的评论由于表现出各种拥护的态度，因而被贴上保守主义这一标签。不过，近来他的各种谴责的声音引起中间派偏左翼的评论家的共鸣。比如，路易斯·梅南指出在学生应该学什么这一问题上难以达成共识这一事实。他在报告中说，过去十年出现了复兴博雅教育的态势。[1] "［哈佛大学的］人都认为学生需要学什么内容并非

---

[1]　Louis Menand, The Marketplace of Ideas: Reform and Resistance in the American University (New York: Norton, 2010), 52.

显而易见，但大多数教授都认为无论学什么内容，将其传授给学生乃是大学的义务。"① 但学生们究竟应该学什么呢？哥伦比亚大学教授安德鲁·德尔班科（Andrew Delban-co）在其新作《大学：过去、现在与未来》（*College：What It Was, Is and Should Be*）一书中慨叹道："几乎没有一个大学会告诉学生他们需要思考哪些问题。而且大多数大学甚至不愿告诉学生哪些问题值得他们去思考。"② 教师、学生与管理者似乎只是达成了一个共识，即博雅教育不应该搞职业化。正如梅南的那句讥讽之言，"垃圾只不过是垃圾，但垃圾史却是个学术成就。会计是一门技艺，但会计史却是一门关于公正探究的学科——是一门博雅教育课程。"③

随着职业教育的需求日益增加，"反职业教育论" 如同弱不禁风的芦苇，无力地阐释着什么是博雅教育的构成。但是，其拥护者还有其他选择吗？如果我们不再声称对各个学科领域的了解很重要，又该如何为这种没什么即时效益的教育模式辩护呢？直到不久之前，人们仍然可以仰赖博雅教育的好声誉进入一所名牌大学。在那里，证明一个人智力水平高的方式是他所学的不只是职业课程。然而，名牌效应的吸引力注定会变得越来越弱，因为这个社会越来越不注重区分文化与习俗、高贵与粗鄙，不去辨别那些

---

① Louis Menand, The Marketplace of Ideas：Reform and Resistance in the American University (New York：Norton, 2010), 52.

② Andrew Delbanco, *College：What It Was, Is and Should Be* (Princeton：Princeton University Press, 2012), 85.

③ Louis Menand, The Marketplace of Ideas：Reform and Resistance in the American University (New York：Norton, 2010), 55.

因其内在价值而值得学习的学科和因为热门或因为有更光明的"钱途"才值得学习的科目。这不仅仅是因为最近爆发了经济危机。因为即使是在最最近期经济景气的时代，学生当中也升腾着追名逐利的欲望。2007 年，维克多·法瑞尔（Victor Ferrall）引用了一份研究报告。根据这份报告，"在准大学生中，有 92% 的学生认为就业准备非常重要，只有 8% 的学生认识到在选择大学时博雅教育是不可或缺的考量因素。"①

　　通过本章的介绍，我们发现，无论在哪个时代，都存在关于博雅教育形式的各种争议。本杰明·富兰克林讽刺哈佛大学的学生懒惰散漫、优越感强，但他想在费城创设真正践行博雅教育的环境——先是学习小组，后是宾夕法尼亚大学。对富兰克林而言，求知欲的觉醒，即学习如何学习的欲念的觉醒，才是博雅教育的核心。19 世纪中叶的教育改革，旨在改变学科之间的混乱局面——摒弃已经消亡的语言，以及没什么实质意义的机械背诵，转向真正意义的博雅学习。这些改革者想把教育与科研联系起来，认为他们的工作不仅是职业，而且具有实际功用。杜波依斯在指责布克·华盛顿时指出博雅教育与系统探究有关，其探究范围之广意味着博雅教育就是对为学习而学习进行的投资。简·亚当斯指出为学习而学习可以使人融入社会。博雅学习并不一定意味着与同胞们所面临的现实问题毫不

---

　　① Victor E. Ferrall Jr., *Liberal Arts at the Brink* (Cambridge, Mass.: Harvard University Press, 2011), 47.

相关的学习。我们发现，在整个 20 世纪，人们为了把博雅
教育与经济问题、社会问题及政治问题联系起来付出了种
种努力。二战期间，人们把博雅教育看作是抵制政治教化
以及在快速发展的经济中取得成功的基本智力工具。当今
社会，受人敬仰的企业家都具备一个特质：极强的专注力。
他们致力于将自己的想法转变为能吸引投资者注意的新创
企业。史蒂夫·P. 乔布斯（Steve Paul Jobs）和比尔·盖茨
（Bill Gates）都选择大学辍学，但他们成为了美国天才人物
的代表。虽然两人都声称博才多学至关重要，人们应广泛
涉猎多种学科领域，但他们的崇拜者从他们身上领悟到的
却是"只要学习如何将想法转化为金钱便已足矣"。由此
观之，教育使多数人成为消费者，而禀赋极高的人接受了
教育，便会成为创新人才。教育的全部意义在于让即将步
入人力市场的我们得到更好的机会，使我们都能成功。

　　由此可见，如果我们坚持声称最好的教育应与职业无
关，也未免太过迂腐，这种观念只有那些无须通过自己所受
的教育来维持生计的娴雅绅士才会拥趸，却无法满足本杰
明·富兰克林的需求，也无法满足今日学生的需求。美国博
雅教育的传统比纯粹的反职业教育论的根基要坚实得多。我
们必须借助这些传统再次阐释什么是博雅教育以及博雅教育
何以重要。这是我们将在最后一章所要讨论的话题。

第四章　重塑自我，改造社会

在上一章中，我们了解到博雅教育在社会上引起了不少争议。英殖民时期，本杰明·富兰克林曾经提出这样的批评：在有的教育中，学生的学业负担不是很重，无须付出太多努力，或者说学习内容没什么实用性，为此校方表示十分得意；其实，这种教育很势力——充其量只是教会了学生如何摆出一副上流人的架子走出客厅。不过，他接着提出一种更有吸引力的教育形式，认为那种教育很有效，但又不至于工具主义那般狭隘。关于博雅教育，整个19世纪都弥漫着硝烟的味道：有些博雅教育支持者一心想保留他们所谓的博雅教育的古典核心课程，学拉丁语和希腊语课程；还有一些学者支持高等教育朝着以解决现实问题为目标的专业化研究的方向发展。专业化研究型院校的数量不断上升，主导了20世纪高等教育发展的改革方向，就连声誉最好的教育机构都日渐偏离教书育人的工作宗旨。在一些热衷于通过科技创新推动经济发展的国家，"人文学科"和"通识教育"曾经备受争议。然而，即便到了20

世纪 60 年代，这种不能将其归类为交易的教育方式在主流
文化中仍然备受推崇。半个世纪前，迈克·尼科尔斯
（Mike Nichols）执导了电影《毕业生》，影片中主角达斯
汀·霍夫曼（由本杰明饰演）和华特·布鲁克（由麦克尼
饰演）之间有一段对话，布鲁克再三对霍夫曼提及"塑胶
业"，也总是对年轻人说"塑胶业"一词，这段对话在影
片中遭到了挖苦和嘲讽。其实，大家都明白像布鲁克这样
的市侩之徒的确应该成为众矢之的。尽管那个时代有一些
反对的声音，但教育家们和大多数民众仍觉得接受全面教
育是必要的，要培养批判性思维，尽管他们并不清楚要如
何实现这一目的。

到了 20 世纪，社会上掀起追求大学文凭的热潮，入学
人数急剧上涨。近年来，很多人在高中毕业后都选择上大
学，让批评家们百思不得其解；这些激进的工具主义者疑
惑：那些注定成为低薪一族的人有没有必要学文学和历史？
为什么年轻的创业者有必要去了解通过网络赚钱之外的东
西？在他们看来，教育好比交易，教师和学生好比交易双
方：一方通晓某一套知识，想要将其卖出；另一方想要获
取这一套知识，花钱将其买进。有人说："既然我想要得到
的只是一张能让我在大公司里谋得一份好工作的文凭，为
什么还要学历史、生物、政治呢？"通过"颠覆性革新"，
博雅教育可以是非居间化的，因为我们得到鼓励，说只需
抓其要点——市场交易，该交易产生的跟踪数据会被用以
促成一组新的市场交易。如果麦克尼先生生活在当今时代，

他在和一个年轻研究生聊天时可能会说到"数字媒体"或"应用软件"，但是，观众还会觉得这很有讽刺性吗？

　　尽管"非居间化""颠覆性革新"以及"销售列表"等流行词面世不久，但教育要量身打造这一迫切需求其实由来已久，尤其是对经济前景并不乐观的人而言。譬如，1906年，马萨诸塞州的工业和技术教育委员会出台了高校教育二元体制：一部分学生接受培训，以满足方兴未艾的工业领域对某些工种的要求；其他学生接受广博的教育，继续到大学里求学。在接下来的那十年里，各种利益集团纷纷出现，小到商会，大到美国劳工联合会，都鼓励全国人民追求职业教育。对此，社会上也有反对的声音。其中反对最强烈的人是一位哲学家，他坚决反对把体力劳动训练融合到课程体系中，这人就是约翰·杜威。他反对这种二元制教育政策，认为这种做法将进一步恶化不均衡的社会关系。那些被认为不适合接受更广博的教育的人会被安排到不同班级，只能学会如何完成当时的工业所要求的任务。当然，这并不是说杜威认为我们只要培养那些与人的生计无关的能力就可以了。他认识到几乎每个美国人都需要一份有偿的工作，他也认识到教育必须使我们为以后的工作做好准备。他曾说："我们生活在这个世界上，每个人都有自己的人生使命，每个人都有自己的工作，都有自己要做的事。有些人是高管，有些人是下属。但重要的是，不管是高管还是下属，每个人都要接受一种特殊教育，使自己能够自行发现存在于日常工作中的一切富有深刻的人性意义的事物。"① 教育应注重提升我们从自己所做的事情中发现"深刻的人性意义"的能力，只有具备了这种能力，我们才不至于沦为任由工业体制摆布的机器。杜威还说："我感兴趣的职业教育并不是使工人适应现有工业体制的职业教育；我不是很喜欢以那种目的为出发点的教育制度。"②

　　在关注教育的所有 20 世纪的美国哲学家中，约翰·杜威是最重要的一位。虽然他所处的历史环境与我们现在的环境迥然不同，其研究重点也只是着眼于美国的基础教育，但他为博雅教育所开辟的空间对当今的高等教育仍然具有重大意义。杜威反对过分强调经典名著的传统教育，也不认同偏狭的现代职业教育，其理由是：这两种教育都是反民主的，人为设定探究的界限。杜威的教育理论和教育经验借鉴了杰斐逊富有开创性的教学实验，重新关注那种广博的、反思性的、务实的博雅教育。

　　约翰·杜威是美国佛蒙特州伯林顿人，出生时适逢美国内战爆发前夕，去世时朝鲜战越来越激烈。从他的学识成长经历来看，让他真正成长起来的地方是霍普金斯大学这所当时刚刚兴起的研究型大学，他在那里获得了哲学博士学位，之后在密执安大学（University of Michigan）任教，后到芝加哥大学任教，受聘为教授。大约 10 年后，杜威就

---

① *The Philosophy of John Dewy*, ed. John J. McDermott（Chicago：University of Chicago Press，1973），464.

② John Dewey，"Education vs. Trade Training," quoted in Robert B. Westbrook，*John Dewey and American Democracy*（Ithaca：Cornell University Press，1991），176. 韦斯特布鲁克深刻描述了杜威对狭隘的职业化教育所持的反对态度。

实验学校的管理问题与芝加哥大学校长威廉·瑞尼·哈伯
（William Rainey Harper）发生争执。后来，他到哥伦比亚大
学任教，直至退休，这是他格外漫长的职业生涯中的最后
也是最长的一段时期。杜威一生著作等身，仅晚期的作品
集就有十七卷。下面我将着重阐述这位哲学家对重新审视
如今的博雅教育有着特殊相关意义的若干观点。

自 18 世纪以来，人们一直依据自主性培养这一原则认
识教育。我们接受教育的时间越久，就越能自己做决定，
越少依赖权威。这在杰斐逊关于一个公民是否自主的认定
中是一个很关键的因素，正如它是爱默生关于通过自我转
变培养自立这一观念中的关键因素。这些思想家认为，我
们所受的教育越广博，对外物的依赖性就越少。杜威强调
教育的社会性，甚至比杰斐逊和爱默生还要重视。杜威调
到芝加哥大学之后，深受简·亚当斯思想的影响，尤其是
在思想与行为、理论与实践的紧密关联这一方面。人们光
靠动脑是不能解决问题的，也不能发现自己的思维方式是
否适用于这个世界。人们要通过尝试新事物来学习，通常
是团队协作，然后修正，又重新尝试。这种实验过程专注
的不是个人，而是社会集体。早在 1897 年，杜威便提出教
师的职责"并不仅仅是人事培训，还要帮助学生形成正确
的社会生活"①。我们不能单凭教育让自己自信起来；我们
要将想法付诸对世界有意义的行动，由此共同分担"群体

---

① *The Philosophy of John* Dewy, ed. John J. McDermott（Chicago：University of Chicago Press，
1973），454.

的社会意识"①。

在《民主与教育》（*Democracy and Education*）（1916）一书中，杜威大胆质疑自立这一启蒙思想观："从社会角度来看，'依赖'并非是弱点，而是一种力量，因为'依赖'往往会衍生出'相互依赖'。如果人与人之间的依赖感减弱，潜在的威胁便是社会对个人的包容性随之减少。一个人变得'自立'，也就能自给自足。这种情况其实是不妙的，会使社会中的人变得冷漠、高傲，常常使人漠视自己与他人之间的联系，误以为自己可以与世隔绝，能独立解决所有问题。这是一种尚未命名的精神病的形式，这种精神病构成了相当一部分其实可以治疗的世间苦难。"②杜威认为，只有受过教育的人才能敞开自己与外界相连的大门，接受人与人之间"相互依赖"这一事实，教育才有意义。"相互依赖"不是什么自生自长的东西，需要教育的滋养。杜威说人类之间的"相互依赖"本身便是一种优势，人类的可塑性与这种"相互依赖"密不可分。这里的"可塑性"是指"从经验中学习的能力；从自己的经验中获得有助于应对今后困难的能力"③。在学习的过程中，人们开始熟悉自己身边的世界，与他人建立联系；人们只有养成这些习惯，才能立足世界，不至于迷失方向。人们只有积极求索，不断开阔视野，夯实自身与外界的联系，学习的回

---

① *The Philosophy of John* Dewy, ed. John J. McDermott（Chicago：University of Chicago Press，1973），443.

② Ibid.，p. 486.

③ Ibid.，p. 487.

报才会如期而至。一个人倘若故步自封，满足于现状，只是在现有圈子的范围内活动，那么他只是学会了一样东西，那就是"放弃学习"。这明显是"反教育"的行为。因为如果一个人无力改变自我、改变世界，他对当下社会所做的贡献肯定是微不足道的。如果世界没改变太多，我们都不会过得很差劲（毕竟我们都善于顺应现状）。然而，至少在过去两百年里，世界的变化速度明显加快。历史证明：无论何时，顺应世界绝非明智之举。

从杜威哲学的角度看，教育的目的是要带来更多的教育——使人们能在相互依赖的社会环境中持续学习，这是一种更强大的能力。"最好的学校教育成果形式是，人们在生活中学，创造出能让所有人都在生活的过程中学习的生活环境。"[①] "在生活中学"意味着要在自身经历的基础上修身正性，养成良好品行，意味着要勇于尝试，在合作过程中调整自己的计划。它并不意味着人们是为了"在世上做事"而去"接受教育"；它意味着"在世上做事"与"接受教育"都是同一过程的组成部分，两者并无先后之分。当我们被催促着为了完成某件事情（通常是别人的事）而去学习的时候，我们其实正被要求去遵循别人对我们的社会（或是阶级、经济）角色的认定。顺从性是学习的敌人，因为如果你的目的是满足人家对你的角色期待，你就不得不限制自己的体验能力，抑制自己的可塑性。

---

① *The Philosophy of John* Dewy, ed. John J. McDermott（Chicago：University of Chicago Press，1973），493.

　　怀疑能够打破顺从性，因为如果一个人质疑事物的存在方式（或者说人们所谓的事物的存在方式），就会去探究。杜威认为，确定性是探究的敌人，而不是探究的保障。我们应该相信，探究会带来更多问题、更多实验、更多知识。一个人在学习的过程中，总会遇到风险，教育者要将这种风险转化成创造力。杜威写道："当人们意识到他们可以利用怀疑态度来实现探究的目标，就开始在发明与创造方面有了长足的发展。"① 如果一个人将怀疑态度和探索意识（本身就能激发更多探究和实验的求知欲）相结合，就具有了创造力。杜威的实用主义教育观强调教育的前瞻性——完全着眼于未来。正如我们所见，与博雅教育相关的是越来越多的个人自由、个人自主，以及人们参与有意义工作的能力的提升。但是，博雅教育一直有一个强大的历史功能，能让学生接触到先辈们所取得的知识成就、艺术成就以及政治成就。那么，如果教育涉及传统知识，是否会影响实用主义学习呢？

　　在杜威的教育观中，传统的确占有一席之地，因为过去是现在进行探究的基础。如果我们了解先辈如何应对当时的挑战，就能更全面地去认识我们面临的问题。杜威说，应该在孩子小的时候教他如何从自己所学的各种历史事实中创造意义。如果孩子们能把历史事实和现在联系起来，这些事实对他们来说就是有意义的。在随后的几年中，学

---

① *The Philosophy of John* Dewy, ed. John J. McDermott（Chicago：University of Chicago Press，1973），503.

生会更深入地学习历史，他们就会知道"在多重数据中寻找各种模式"这一行为是多么有价值。然而，杜威认为，现代主义将战胜一切。我们理解过去，目的是为了更好地武装自己，以解决当下的问题。对这种以问题为导向的态度，历史学家们很是愤怒，认为杜威似乎不是为了历史而关注历史。他们说杜威是一个不折不扣的相对主义者，认为只要对历史所做的断言对当下有用，便可以随心所欲地借题发挥。他们说是这么说，但还是心存疑虑。其实他们对这位哲学家的认识完全准确。事实上，杜威坚决认为，和其他知识一样，历史知识是偶然的，需要修订；他坚决认为历史知识有助于我们追求当下利益，获得我们渴望的东西。对历史上的某些事件，你可以做出一些中肯合理的或有失偏颇的陈述，但你这么做的前提是这些陈述会在后续研究中得以修正。它陈述的不是某个过去的事实，而是知识，这种知识有助于形成更多的探索，以解决真正重要的问题。1917年杜威曾说过："（因此）预测比回忆更重要，规划未来比追忆过去更重要，展望未来比反思过去更重要。"历史要为未来服务，引导人们去探究。但是，如果一个人只是抓住历史不放，不顾现在与未来，那又有什么意义呢？杜威说："创造性地重现历史是向未来发起强势进攻的必要手段，只不过历史终归只是一种工具……如果与过去隔离，只是出于兴趣对过去念念叨叨，冠之以'知识'这一表示颂扬的名字，这样做其实就是用回忆过去代替有效智慧。"① 所谓"有效智慧"，从杜威这个实用主义者的角度来看，可能会让我们尝试着从历史本身的角度去了解历史，但最终目的还是为了解决现实问题，这是一个不可逃避的事实。

这一实用主义者的观点引发了诸多争议，反对者抨击它无视历史本身，斥责"教育就应该向未来发起强攻"这一论点。他们反驳道："若强行占有历史宝库，把从中获取的知识财富全部挪为私用，何来道德可言？'向未来发起强攻'的这份努力难道已经转换成霍克海默（Horkheimer）和阿多尔诺（Adorno）所谓的科技与启蒙运动的'灾难性胜利'了？"杜威不愿随大流地崇尚历史，认为那样做无异于"反刍那些早已沦为丢在故纸堆中的历史知识"。他觉得没什么东西可以替代哲学的以下功能："让美国认识到自身的需求以及成功行动的原则。"1917 年，杜威写道："如果说在过去只有愿意摈弃古老的解决方法和陈旧的问题才能改变行为模式、扩充知识储备，那么现在亦是如此。"②

20 世纪中叶，杜威这种实用主义的、现代主义的观念的确使历史研究恢复了生机。查尔斯·比尔德（Charles Beard）、玛丽·比尔德（Mary Beard）、默尔·科蒂、理查德·霍夫施塔特（Richard Hofstadter）等历史学家本来认为历史学界的古物研究领域毫无发展前景，而杜威的理念让他们重新看到了希望。实用主义者坚称人们出于对现实问

---

① *The Philosophy of John* Dewy, ed. John J. McDermott（Chicago：University of Chicago Press, 1973），64-65.

② Ibid., p. 59.

题的关注开始描述历史，而我们讲过去的故事是为了追求我们认为与之有重大关系的某些目标。杜威认为这种做法不会导致相对主义，反而会使学习者意识到探究背景的重要性。历史学家们成立探索队，一起钻研探讨，提出问题，并试图通过研究加以解决。历史存在的意义就在于它能帮助人们处理他们当下感兴趣的问题。

但是，杜威不是历史学家，而是哲学家，他在《恢复哲学的必要性》(*The Need for a Recovery of Philosophy*)(1917)一文中指出，有必要重新定位自己的知识领域，从学习解决一般性问题转向学习解决人类问题。这篇文章表明了杜威的实用主义观，告诫我们知识并不都是切合实际的，探究欲是源于关注社会、关注自身而产生的一种积极进取的态度。我们从事脑力劳动的目的，不应该是准确地折射现实，而应该是不失节制地摆脱刻板的生活。杜威写道："如果专业哲学不能充分发挥作用，帮助人们明确想法，纠正观点，那么专业哲学就很有可能会越来越偏离现实生活的主潮流。"① 杜威呼吁的实用主义，"从经验上来说是理想的，能体现智力与有待实现的未来之间的根本联系。"哲学不应该涉及"对认识论的专题研究"，因为"一般来说，知识本身并没问题"。真正的问题是怎么做和怎么承受所做事情导致的后果，于是哲学应该是"关于如何追求美好的生活和规避坏结果的未来可能性的看法"②。

---

① *The Philosophy of John* Dewy, ed. John J. McDermott (Chicago: University of Chicago Press, 1973), 59.

② Ibid., p. 88.

　　杜威写道："当哲学不再是用来解决哲学家的问题的工具，而是成为了一种由哲学家形成的、可以用以解决人类问题的方法，那么哲学才成其为'哲学'。"① 如果我们把这里的"哲学"替换成"教育"，就能更好地理解杜威的博雅教育观。我们所说的教育应致力于解决人类的问题。不过，之前我们了解到杜威反对纯粹的技能训练，同样我们也不应该限制自己的能力范围，仅仅满足于解决一些困境中最机械的问题。我们要通过教育解决亟待解决的人类问题。关于杜威所说的"转变"这一思想，我们持开放的态度；对生活和周围世界的变化，我们也持欢迎的态度。

　　在他那篇文章的结尾部分，杜威写道："拥有实践唯心主义，人类很是引以为傲。实践唯心主义是一种信念，一种对未来的发展可能性抱有热切期望、并为了实现这种可能性不惜一切的信念，只是这种信念并不坚定。""实践唯心主义"一词出自 20 世纪初鲍登学院（Bodin College）的一名校长。后来甘地引用过这一术语。现在，我所在的卫斯理安大学也将其奉为办学宗旨。"实践唯心主义"这一表述体现了当代博雅教育的紧迫感和抱负。然而，杜威劝诫人们不要过分推崇那些冠冕堂皇的言辞："所有时代的所有民族在实践中都是很狭隘的现实主义，都用理想化的事物把暴行掩藏在观点和理论中。"杜威告诫我们不要成为这种掩饰行为的牺牲品。博雅教育应当提升我们的知识水平

---

① *The Philosophy of John* Dewy, ed. John J. McDermott（Chicago：University of Chicago Press，1973），95.

和道德认知水平，从而使我们能够憧憬值得为之奋斗的未来；同时，博雅教育还应提升我们主动创造实现目标之手段的能力。如果要去回应杜威的哲学观，这将是一个极其艰巨的任务。

杜威的相关教育论著讨论的主要是学校，而非大学。但是，1944 年他发表了一篇短文，强调大学学科"从本质上来说都是不自由的"[①]。教育者授课的目的可能是解放学生，其授课方式可能比较呆板，只给学生一些专业训练。我们必须抛弃以下观点：有些人读书是为了消遣，有些人读书是为了谋生（这一观点是文科教育传统观点的基石）。我们一旦摒弃了这个观点，所面临的问题便只是：如何引导学生在个人生活和公共生活中通过探究继续学习？探究能力的培养与传统课程的内在属性无关，而是要通过把这些科目和"人类资源与灵感"联系起来得以实现。如果我们要保证文理学院在民主社会中的功能，就要确保当下社会上不可或缺的技术性科目有一个高尚的引导方向。这些技术性科目本身"在本质上"并不具有独占性；但是，如果把它们与人类资源和能力隔离开来，它们就失去了解放性。另一方面，那些脱离生活实际、与当代生活的需求和社会问题毫无联系的书便显得极端技术化了。我们必须要使博雅教育具有解放性，要把对环境和灵感的理解力与

---

① John Dewey, "The Function of the Liberal Arts College in a Democratic Society: The Problem of the Liberal Arts College," *American Scholar* 13, no. 4 (1944): 391-393.

"对我们所在的这个世界的需求和问题的评估能力结合起来"①。虽然博雅教育和卖弄学问行为的驱动力可能都是为学知识而学知识的求知欲，但只有博雅教育能把对学习的热爱和我们这个时代所面临的需求和问题联系起来，从而反过来进一步激发学生的求知欲，建立起一种良性循环。

显然，杜威在他那个时代是美国最具影响力的公共知识分子。正如亨利·斯蒂尔·柯梅杰（Henry Steele Commager）的那个著名论断所言，"杜威忠于自己的哲学信仰，从未动摇；正因如此，他是美国人民的向导、导师和良知。几乎可以毫不夸张地说，整整十年，任何重大问题都必须由杜威开口才能得以澄清。"克龙彭伯格（Kloppenberg）曾说："1952年杜威去世之前，如果我们不密切关注实用主义，就无法研究美国现代思想史。"② 然而，这位哲学家很快就从影响力的巅峰坠落了下来。长期以来专业研究型大学所定义的专业哲学开始用怀疑的眼光看待杜威的思想。二战后，该领域开始效仿科学界，追求精确，求实求真，越来越趋"分析性"。逻辑实证主义和精确语言剖析的转向在杜威那里获益不多；在那些分析哲学家引以为豪的聚焦型专业研究方面，杜威似乎就是个外行。杜威强调经验是教育的核心，这一观点同样被认为不够严谨；我们发现，教授和家长都对学校表示不满，越来越多的人对关于进步

① *The Philosophy of John* Dewy, ed. John J. McDermott (Chicago: University of Chicago Press, 1973), 393.

② James T. Kloppenberg, "Pragmatism and the Practice of History: From Turner and Du Bois to Today," *Metaphilosophy* 35 (2004), 213.

教育的杜威式崇拜现象表示不满。而且，那些以现有权力结构为导向的美国知识分子正在寻找发动冷战的根据。这位实用主义者的开放式探究这一看法似乎是相对主义的，这很危险。实用主义者们并不声称自己认识了真理，因而似乎也不能觉察到来自所谓的邪恶共产主义的威胁。在政治光谱的另一极，美国文化及美国教育的激进批评家认为杜威对进步可能性的看法太过乐观。20 世纪 60 年代之前，这位实用主义者显然对社会、经济和语言学的深层结构缺乏兴趣，也没有发表过世界末日的言论或救世主似的言论，这让新左翼觉得实用主义不够彻底。在有些人看来，这种哲学体系专注于研究威廉·詹姆斯所谓的思想之"现金价值"，似乎太过于关注现状了。

很多人在其著作中讨论过杜威逝世之后实用主义的衰落，以及近期实用主义在哲学界以及在其他更广阔的文化领域中的复出。不管是谁在讲述这个故事，实用主义复兴的关键人物当属理查德·罗蒂。他提出了一个在哲学史上颇有影响力的创新观点，认为实用主义是哲学文化向后哲学文化过渡的转折点。罗蒂把实用主义与被广泛讨论的"后现代主义"理论家联系了起来，使美国哲学的相关性大大超越以分析性为导向的系部之间的界限。他认为詹姆斯和杜威早期就建立了成熟的反基础主义，这个理论体系有助于理解我们改造文化及社会的方式。罗蒂的著作《哲学和自然之镜》（*Philosophy and the Mirror of Nature*）（1979）从历史角度解释了这一具有代表性的思想是如何通过建议思想家们利用哲学来评价准确性、方法论或"真实性"的，从而让他们误入歧途。哪些话更接近事实？哪些思维模式真的具有科学性？哪些信念是理性的？谁是真的热爱真理？罗蒂认为所有这些问题都源自对语言和思想的误解，那就是，一些语言形式和思想形式比其他语言形式和思想形式更紧密地与世界联系在一起。果真如此的话，我们就需要一门知识学科（如认识论）来帮助衡量这种联系到底有多么紧密，或者说需要一位哲学专家来评判谁在研究一些"真正的"东西。分析哲学本身［尤其是 W. V. 奎因（W. V. Quine）、威尔弗雷德·塞拉斯（Wilfred Sellars）和唐纳德·戴维森（Donald Davidson）信奉的哲学］让人们意识到这些方法行不通。伴随着这种批评，罗蒂认为语言是一种工具，而不是一面镜子，建议人们去思考"语言"这一工具在不同环境中的作用。他敦促我们看待语言要像看待其他人类特性一样，把它看作是由实物引生的，或把它看作是对现实生活的一种回应，而不是认为句子"更接近于"物（即非语言的东西）。如果我们不再将语言看作是表述，而把它看成一种工具，那么原先很多哲学家所关注的很多问题就完全不再是问题。

罗蒂偶尔会提到，如果认识论消亡，哲学本身也将不复存在。难怪罗蒂的那些哲学界同僚会有那么强烈的反应。他寥寥数语，道出以下事实：大学仍需有一些人善于解读这个领域的古文，正如大学仍需有一些文学教授善于谈论19世纪的英国小说或中世纪的法国诗歌。但是，很多哲学家认为他们所做的事情并不只是重新解读古老文本那么简单。他们认为自己正在尝试解决问题，取得进步。罗蒂指出，大学里的哲学家所关注的这些所谓的问题在更大的文化圈里就变得毫无意义；他还指出，以学科为中心的那些哲学家所谓的进步，类似于一个学术思想家声称现在他终于真的知道了有多少天使可以在针尖上跳舞——其实没多大实用意义。越来越技术化的分析性哲学日益趋于无用；在哲学系发生的重大事件对大学（或更大的文化圈里）的其他人并没有什么影响。因此，罗蒂开始把哲学称为文化政治。他想改变会话方式，形成一种对更大的文化圈具有深刻意义的哲学。正如杜威所言，就算这种哲学解决不了任何问题，至少它讲的一些话"能引导人们更好地认识自己是谁"。

　　罗蒂的教育主张源于他对哲学的批判，同时也源于他的以下观点：只要我们放弃"真理是自然之镜"这一观念，学习就可以变得更加生动更加有趣。我们应该找到一种比较接近自然的学习形式；我们应该把教育发展成为能促使我们去探究的因素，让这些探究帮我们更好地为人处世。罗蒂坦言，中小学教育主要是对学生进行社会化教育，"让学生了解关于社会的道德常识和政治常识。"在这一方面，罗蒂的主张和 E. D. 赫希（E. D. Hirsch）的主张有重叠的地方。赫希提倡在中小学教育阶段提高"文化素养"，数十年来人们对此一直争议不断。赫希列过一份书单，上面列的是他想让学生认识到其价值的历史书和文学参考书，有人认为这是在邀约人们去参与让人精神麻木的标准化测验——近些年来一直折磨着学校的标准化考试。但是，事实上，赫希一直反对此类测验。他强调发展年轻学生的叙述能力，认为这才是最重要的。那些事实陈述——他的书单——只有被嵌在扣人心弦的故事中，才会变得鲜活起来。正如他和其他一些学者指出的，过去我们没有给学生机会去接触那些优秀的故事，从而产生强烈的情感和认知上的共鸣，而只是训练他们，让他们误以为有效阅读就是一种可以用标准化测验评估其重大成效的技能。

如果我们要克服死记硬背的学习方法和狭隘的技能训练，就要主动学习，培养好奇心。杜威哲学的另一个拥护者是玛莎·努斯鲍姆（Martha Nussbaum），她极力倡导在各个教育阶段都要践行博雅教育。对努斯鲍姆而言，这意味着要采用反思性的苏格拉底式教学法，强调要进行自我批评和自我反省，要用批判的眼光去审视他人想当然的看法。在界定所有公民都应拥有的知识基础时，赫希选择了一种更直接的方式，他说："社会民众拥有的知识越丰富，个体竞争能力就越强，社会就越公平。既然知识是一台超强的均衡器，学校就有很大的机遇，同时也有很大的责任向所有学生提供更多平等的生活机会，不论他们有什么样的出生背景。"①

---

① E. D. Hirsch, "Why General Knowledge Should Be a Goal of Education," *Common Knowledge* 11 (1998): 14-16; see http://www.coreknowledge.org.

杜威强调"孩子自身的活动是知识的源泉。"① 和杜威一样，努斯鲍姆注重的是学习过程，而非学习内容。教育创造自主性，从而使民众做好参政准备。这就意味着要学会抛弃被动性，努斯鲍姆引用了杜威的一句话："从被动接受和抑制的姿态转变为积极进取、热情洋溢的姿态。"② 赫希处于教育改革频谱的另一端。他不想根据学生的热情度来决定课程的设置，只希望我们能就"什么是我们认为祖国人民应该知道的重要知识？"这一问题达成一定共识。在这一方面，赫希和罗蒂意见相似，认为早期教育应该有社会化功能。

关于博雅教育的构成，罗蒂、努斯鲍姆和赫希三人意见不一，但他们一致赞同的是：一个国家要想让它的民众摆脱消极心态，积极进取，就必须实行博雅教育。这一目标是反思性的，也是务实的，就是要让学生成为独立自主的思想者，通过与他人交流，相互作用，提高（而不是削弱）其独立性和自主性。康德认为启蒙运动是"（人类）摆脱自我强加的不成熟性"，非常符合罗蒂、努斯鲍姆和赫希的理念，尽管罗蒂等人可能更倾向于认同"探究等同于希望，协作学习等同于自由"这一杜威的观点。教育应该使学生做好成为合格公民的准备，有能力去应对民事异议。这一观点似乎是常识。然而，考虑到我们这个明显有失文

---

① Martha Nussbaum, *Not for Profit: Why Democracy Needs the Humanities* (Princeton: Princeton University Press, 2010), 60.

② Ibid., p. 65. 此处努斯鲍姆的引用来自 Dewey, *The Child and the Curriculum: Including the School and Society* (New York: Cosimo, 2010), 15.

明的公共领域中出现的那些滥竽充数的说教，如今这一想
法似乎也显得不切实际了。

　　和努斯鲍姆一样，罗蒂认为博雅教育在公民培养过程
中至关重要，但他对由教育促成的自我转型还抱有浪漫的
想法。杜威曾经做过预言，说爱默生总有一天会被认为是
美国最伟大的哲学家，罗蒂觉得自己与杜威声气相投。正
是这个"爱默生"希望大学能激发学生的斗志，推动世界
发展。罗蒂、努斯鲍姆、赫希三人一致认为：大学阶段的
学习不应该是迁移知识，而应该鼓励探究。探究受到实践
的鼓舞，受到深入研究的鼓舞。和努斯鲍姆相反，罗蒂觉
得这个工作不仅仅是建立在"进步"的早期教育打下的基
础之上，也会对那些基础进行重组。人在儿时的社会化教
育过程中被灌输了"道德常识以及政治常识"，长大后对
这些常识的质疑会激发探究欲。罗蒂写道："非职业化高等
教育的意义在于帮助学生认识到他们可以重塑自我，也就
是说，他们可以甩掉过去的经历强加给自己的所谓合格公
民的自我形象，由他们自己去重新塑造一个全新的自我形
象。"①

　　如果我们想了解博雅教育对学生重塑自我的作用，就
必须超越很多搞人文学科的人所谓的批判性思维的中心地
位。因为我们找不到我们一致认为适合所有学生学习的标
准教材或技能，所以很多人已经转向"批判性思维"这一

---

　　① Richard Rorty, "Education as Socialization and as Individualization," in *Philosophy and Social Hope* (New York: Penguin, 1999), 114-126.

概念，试图阐释非专业化探究的好处。20 世纪 40 年代，"批判性思维"这一术语似乎已经获得它现有的重要地位。但是，直到 20 世纪 60 年代，这个术语才在教育界突然流行了起来。当时罗伯特·恩尼斯（Robert H. Ennis）在《哈佛教育评论》（*Harvard Educational Review*）上发表了《什么是批判性思维》（*A Concept of Critical Thinking*）一文。[①] 让恩尼斯感兴趣的问题是我们应该如何教会人们"对陈述做出正确的评价"，他从 12 个方面对这一过程进行了分析。恩尼斯和紧随其后的无数教育理论家们为批判性思维大唱赞歌。如今，社会上还出现了批判性思维基金会（Foundation for Critical Thinking）和咨询产业，以帮助师生提高这方面的能力。

我们最优秀的大学生实际上很擅长批判。对今天的很多学生来说，聪明就意味着会批判。比如，他们能够证明黑格尔对叙事的界定把非欧洲人排除在外，或者朱迪斯·巴特勒（Judith Butler）关于脆弱性的立场和她关于表演性的概念是自相矛盾的，又或者一位享有终身职位的教授没能清楚地解释自己为何享有"特权"——这些都是人们陷于诡辩的标志，也是一个人能够完全参与学术圈的预兆。但这种参与完全是消极的，不仅完全无法令人满意，而且根本是适得其反的。这不仅仅是因为学术圈之外的人把这

---

① See Edward Glasser, *An Experiment in the Development of Critical Thinking*（New York: Teachers College Press, 1941）; and Robert Ennis, "A Concept of Critical Thinking," *Harvard Educational Review* 32（1962）: 82–111. See also http://www. criticalthinking. org/pages/ defining-critical-thinking/766（accessed July 2013）.

些诡辩的标志看成了政治性准确的集体思维。

这种揭露错误或简单地表现自己胜人一筹的智力技能，并非一无是处，但我们应该提防教出一群自鸣得意的"揭盖子人士"，或者，用当前大学校园里十分流行的术语来说，教出一群喜欢"发难"的学生。他们总是指出教科书、制度或人如何如何使他们没能实现既定目标。如果任凭这种"能力"继续发展下去，我们可能正在剥夺他们尽可能从学习中获取知识的能力。在人文学科的文化中，聪明常常意味着成为一个爱批判的真相揭露者，我们的学生可能会变得过于擅长证明某些事情为何毫无意义。那种技能可能会消弭他们在阅读的书本中以及在这个他们生活其中的世界中发现或创造意义和发现人生方向的能力。我们的学生一旦走出大学，就会继续发挥在学校时曾让他获得嘉奖的这种关键技能，从而让自己得分。最终，他们促成了一种绝不容忍人们去寻找或构建意义的文化，这种文化中的知识分子和文化评论家们乐此不疲地证明别人都是不可信的。

这并非是当代人的独创。18 世纪时就有人抱怨启蒙文化只肯定怀疑论，只满足于怀疑一切。然而，我们当代人使这一趋势发展到了不可知论的地步，甚至是多疑癖的地步。我们连承认自己缺乏信念的勇气都没有了。也许这就是为什么我们要教导自己的学生，让他们觉得挑战某种设想或信念是一件很有意义的事情。如果一个人声称自己想去反驳某个观点，他未免也太相信自己具备去伪存真的能力了；如果一个人声称自己善于接受，乐于学习，他就要有开放的心态，能够接受某种观点，尽管这种观点可能很快就会被解构（甚至被嘲弄）。

我们在训练学生掌握批判性思维技巧的时候，可能会给他们讲很多道理，使他们保持谨慎之心——这有可能被学生当成不学习的理由。拒绝接受任何不同意见的风气似乎已影响到我们文化生活中的很多方面：从政界到报界，从筒仓式的学术项目（不管如何具有跨学科性）到唇枪舌剑的公众知识分子。然而，作为人文学科教师，我们必须设法让学生对历史和文学作品的情感冲击和认知能力保持开放的心态，一开始时没准会惹怒他们，或者只是让他们觉得这一切与他们自己毫不相干；但是，如果一个人没有移情的能力和深入本质的理解力，他的批判性思维就会枯燥而乏味。

博雅教育的一个关键任务就是培养学生的主动性和学习能力，去学习或多或少可能会遭到他们拒绝或忽视的材料。这种材料常常会给学生带来惊喜，有时也会扰乱他们的心绪。学生似乎已经认识到，教学评估委员会会认真对待他们提出的"我不喜欢这位教授或这个学习材料"的批评意见。这种抱怨其实非常有害，因为在博雅教育中，不喜欢本来就是一个必要的组成部分。如同重视批判能力一样，我们要重视培养从未知的、不喜欢的材料中学习的愿望；对我们的学术生活和市民生活来说，创造这种氛围本身就是一个重大贡献。

　　但是，除了完善批判性思维——这种思维带着移情作用和通过换位思考去理解人家的渴望，当代博雅教育应该做得更多。我们还应该改进教学模式，让学生融入到承载某种特定文化价值观的实践活动中，让他们更好地理解这些价值观如何被确立为正统，并得以留存下来，从而用文化标准和社会标准使我们激烈的批判性评论更趋完善。当代人文学科的思考方式往往善于证明，人们声称要共同遵守的那些价值观其实只是被强加给了某个群体中的弱势成员；也善于把各种规范语境化，不管这种语境是属于人类学、历史学，还是其他学科。但是，不管是上述哪种情况，我们都让学生和他们正在学习的语境或文化保持一个临界距离。我们已经变得不愿意与我们的学生一起搞调查研究，去探究我们信仰的价值观念和我们在生活中尊崇的规范到底是如何形成的。换言之，我们对如何让一个规范合理化并没太大兴趣，反而对规范的去合理化磨刀霍霍，兴趣盎然。对道德选择的"伪科学解释"只会对文化产生浅显的理解。我们迷恋的是无意识的东西，但这并不真的意味着我们真的理解了把规范合理化的方式，不管这种迷恋是表现在观察大脑的哪个部分在特定经历中被"点燃"了，还是表现在试图解释情感理论如何使心灵指称不同对象的能力大为减弱。①

　　如果我们教育者更多地将自己视为规范的探索者，而

①　See Robert Pippin, "Natural and Normative," *Daedalus* 138 (2009), 35-43; Ruth Leys, "The Turn to Affect: A Critique," *Critical Inquiry* 37 (2011), 434-472; Curtus White, *The Science Delusion: Asking the Big Questions in a Culture of Easy Answers* (New York: Melville House, 2013).

非评判者，我们就会有更好的机会把我们的学术文化和公众文化中更广泛的潮流重新衔接起来。这是杜威做如下陈述时的想法："如果大学不能把教学内容与'广大美国人民群众的主要兴趣与活动'联系在一起，你得到的就只能是'教育的困惑'。"① 但是，这并不一定意味着我们要接受现状，虽然它的确意味着我们要从参与者的立场出发，努力去理解文化习俗（包括我们自己的文化习俗）。这就是说，我们必须摒弃罗蒂批判的"浅显"的左翼理论——持这种态度的人很善于揭露错误，却拙于体验新的生活方式，包括不愿花费心力去了解文化是如何变迁的。对我们当中的许多人来说，这将意味着用融入社会的方式，即用我们常说的"服务学习课程"（service-learning courses）或"社区伙伴关系课程"（community-partnership courses）来补充我们对文学作品或文本的研究工作。对其他人而言，这将意味着他们不必带有揭露缺点或故弄玄虚的预期目标去做研究，而是转过身来想想我们要研究的内容也许会使我们的思想和生活跃动起来。

美国的博雅教育一直都是哲学传统与修辞学传统相互交织、追求真理的探究和追求卓越的言语行为相互交织。② 探究具有解放思想的作用；在过去的半个世纪，探究的这

---

① "Statement to the Conference on the Curriculum for the College of Liberal Arts", cited by Robert Orrill in "An End to Mourning: Liberal Education in Contemporary America," in Bruce Kimball, *The Condition of American Liberal Education: Pragmatism and a Changing Tradition*, ed. Robert Orrill（New York: College Board, 1995）, xvii.

② 参见此书的引言部分，以及 Bruce Kimball, *The Condition of American Liberal Education: Pragmatism and a Changing Tradition*, ed. Robert Orrill（New York: College Board, 1995）.

一承诺一直占主导地位，但通常是指在超越客观性的基础上进行的探究。探究者给人的印象不是正做着实验的邋里邋遢的工作者，不是伟大文化成就的虔心旁观者，而是打着诡辩的（通常是嘲讽态度的）观望者的幌子。尤其是在人文学科领域，我们需要参与的力量，以及专注于创造文学巨著、艺术精品和科学成就的能力。如今技术冲浪对我们的接受力产生了很大的影响，因此专注力成了文化生活中一个濒临灭绝的"物种"。当然，批判性反思是教学工作以及学术的基础。不过，如果我们把客观公正当作智慧的标志加以盲目崇拜，就会使文化资源走向枯竭。我之所以提到修辞学传统和专注力的重要性，目的在于隆重推出一种很多人都已开始践行的博雅教育模式。这种教育模式非常重视语言，但并不将语言看作人与世界之间的一个主要沟通桥梁，一个注定要失败的表达模型，而是将语言本身看作是语言使用者从自己的立场加以理解的文化习俗。按照一些不切实际的标准，语言会走向衰弱，或者说我们将不能好好地使用语言；但是，这一事实并非什么新闻。这好似我们自身局限性的一部分，但它不应该被看作人文学科的重要标志。博雅教育带来的新情况是使心灵和精神状态转变的方法，使人们能够体察到我们可能会经历到的丰富多彩的生活方式。当我们学会聚精会神地阅读、凝视或倾听的时候，我们不仅仅是善于揭露文化和社会的阴暗面。我们努力去理解别人的艺术、哲学和历史学的观点，在一定程度上克服自己的盲目性。关于盲目性，威廉·詹姆斯是这样阐述的："对别人来说，含义一目了然，但对我们来说，含义不甚明了。"①詹姆斯认为，承认这种盲目性是教育的关键，也是发展民主和文明社会的关键。当然，不讲情面的批判性思维在这些领域中可能会有所帮助，但也可能让我们由此有机会学会如何保护自己不受人文学科学习会带来的认同感和深刻见解的影响。不论是学生还是教师，有时候都会渴望得到这种保护；没了这种保护，就不得不冒着改变自我的危险。为了克服这种盲目性，我们实际上要冒着"如坐针毡"的危险。

博雅教育的学术习惯是提出批评；如果这些习惯联合起来彼此建立联系，为那些乍看之下晦涩难懂甚至是深藏不露的实践找寻获得确认的方法，博雅教育将继续成为高等教育的基本组成部分。这是一种能预见各种可能性、能发现对创新移情有重要意义的价值观的能力。为了支持从批判性思维向实践性探究转变，我现在重申一下我的两位老师路易斯·明克（Louis Mink）和理查德·罗蒂的观点。明克是一位历史哲学家，其研究兴趣是通过观察他人的陈述来判断其知识能力。当初罗蒂解构了"哲学家即裁判家"这一观念；若干年后，明克建议评论家"摘下法官的假发，戴上向导的帽子"。我认为我们对教师也可以说同样的话，用他的话说就是，教师可以"向我们展示我们自己没有看到或没有听到的细节、模式和关系"。让学生学会自

---

① William James, "On a Certain Blindness," in *The Writings of William James: A Comprehensive Edition*, ed. John J. McDermott (Chicago: University of Chicago Press, 1977), 630.

己去观察，自己去聆听，去发现之前没有发现的意义，这就是博雅教育的一大优点。我的这两位教授向我展示了之前我没看到或没听到的"细节、模式和关系"，从而丰富了我的生活。在那之前，我对身边的很多事情置若罔闻，也学会了如何在做出批判的同时却规避那些不在我舒适地带之内的人或事。我的恩师们帮我克服了一些盲目性，让我的阅历达到了未曾预想到的广度和深度；同时，他们还帮我掌握了更好地工作、更好地与同事和学生交往的方法。作为向导而非法官，我们可以指导学生参与实践活动，去探索能体现多种文化的目标、规范以及价值观。通过这种参与，学生们将提升和其他人就如何构建目标、规范和价值观进行交流的能力——毕竟这些都将渗透在他们自己的生活中。他们提升这个能力，不仅仅是对价值观进行评头论足，而且要为自己参与其中的机构增值。他们常常会拒绝去走别人走过的老路，有时还会探出自己的新路。但是，在博雅教育的引导下，他们将更有能力去一起寻找既有意义又有人生方向的生活方式。这就是为什么博雅教育的重要性绝非局限于大学四年的原因。

在我即将结束本书写作时，我访问了中国，在北京大学人文研究所做了一个关于博雅教育的讲座。我并不是很清楚会发生什么事。当时正值放假，听说到时候可能只有十几个教师和研究生出席讲座。博雅教育在中国越来越受关注，而在美国正面临巨大压力：有的人迫切希望教育体制能和就业问题更好地挂钩起来。在一些美国人看来，在如今这个竞争激烈、科技占主导的时代，培养"全人"的教育实在不够强大，他们想要一种更规范、更有效、更专门化的教育，使学生为工作做好准备——我更倾向于把这种工作理解成昨日的工作。

在美国，我用了不少时间去说明追求更高效、更专门化的教育其实是朝循规蹈矩、死板不知变通的方向走，是自取灭亡——这些特点注定使人们脱离当代文化与当代社会。如何将这一个启示传达给中国这个教育体制尤为应试化、过分专业化的国家呢？我决定从历史角度出发，结合本书内容解析当代博雅教育理念是如何在美国建国后的思想文化史中脱颖而出的。或许，在演讲结束之后举行的讨论中，我可以了解更多具有中国传统特点的元素，发现它们和美国历史能产生共鸣的地方，这对美国当前的博雅教育形势将会有借鉴作用。

当我走进演讲大厅，吓了一大跳。大厅里挤满了人，尽管是放假期间，到场师生超过 200 人。我即兴演讲，并无讲稿，从托马斯·杰斐逊讲到理查德·罗蒂，好大阵容的一批思想家。这可苦了我的随从翻译刘博云，他是一个很优秀的译员，在我这次演讲过程中，他不得不每隔几个句子跳着翻译，但真的很不错了。我用"自由解放自我"（Liberate）、"赋予生机"（Animate）、"协同合作"（Cooperate）、"教唆/创新"（Instigate/ Innovate）这几个概念构建我的演讲。这几个概念的英文单词都押尾韵，译成中文自然就没法押韵了。

　　我讲"解放自我"这一概念，提到了杰斐逊及其教育理念——他认为教育会让我们摆脱康德所说的"自我强加的不成熟状态"。你肯定还记得，杰斐逊坚决认为"学生不必一开始学习就选定学习方向"。我们应该在学习过程中找到自己的方向，而不是在不知道自己可能成为什么或是能做什么的情况下就报名参加职业培训。当然，犯错、走错路也在所难免。但是，正如杰斐逊对约翰·亚当斯所说的，"是错误，但那是因为热忱而犯下的错误"，绝非由于盲目服从而犯下的错误。

　　我在讲了戴维·沃克和弗雷德里克·道格拉斯的富有影响力的著作之后，指出了杰斐逊思想中存在的一些不容忽视的矛盾。他是一个奴隶主，却把教育和奴隶解放联系在了一起；他是一个十足的种族主义者，在其论述中却说很有必要让年轻人自己去尝试，去经历磕磕碰碰，只有这样他们才能发现自己的激情所在——不过，很明显，他说的只是某一部分人。总之，一个人即使有好的教育理念，也无法阻止他成为一个可耻的伪善者。

　　我在讲到"赋予生机"这一概念时，提到了拉尔夫·沃尔多·爱默生，他希望教育可以让灵魂燃烧。爱默生认为规范化教育会使学生走向堕落，并号召听众摆脱盛行于高校的模仿风的镣铐。他曾写到，大学的目的不是训练学生死记硬背，而是帮助学生充分利用自己的创造力，从而使自己的世界充满生机；唯有如此，大学才能为我们服务。在场听众听了，反响极为热烈，表示赞同。他们也希望能摆脱建构了中国中学教育的应试教育体制，事实上，这种教育体制在美国的地位也日渐突显。然而，我还提到了爱默生的另一理念——"嫌恶性思维"，即挑战权威。当这些听众听到这一观点时，不知当时作何感想。

在我讲到"协同合作"这一概念时，我提到了那些和实用主义有关的思想家：詹姆斯、简·亚当斯、杜波依斯和杜威。对于詹姆斯，我强调如下理念："思维的整体功能只不过是形成行为习惯过程中的一个步骤。"博雅教育并不意味着只是学习一些于当下无用的东西，而是培养源自广泛质疑这一精神的行为习惯。我还谈到了詹姆斯通过换位思考"克服盲目性"这一概念。从他人角度看待世界，不急于做出评价，这在詹姆斯看来至关重要。

相信你还记得，要克服对他人的盲目性对简·亚当斯来说也是个十分关键的观点。我把她的"深情诠释"这一观点放在了"协同合作"这一范畴中，并加以强调。简·亚当斯让我们了解到在关于博雅教育的讨论中人们高估了"批判性思维"。我们应该学习如何去找到能让事情进展顺利的因素，而不是学习如何指出事情没有实现预期目标。对简·亚当斯而言，移情、回忆和忠诚应该和关于某一社会环境的理解联系在一起。杜波依斯也认为这个环境至关重要，他把教育看成一个赋权的过程，但不只是个体性赋权。对杜波依斯而言，博雅教育能提升人们"理解文明走向以及文明内涵"的能力，把握变化的意义和方向这一能力裨益整个社会。显然，这些概念使在场听众深有共鸣。

有听众告诉我，简·亚当斯和杜波依斯的思想与中国的儒家传统思想之间其实有很大的类似性。

在"协同合作"这一范畴中，我最后再次提到了思想家约翰·杜威，引用了他的以下观点："只有当哲学家们不再将哲学视为处理自身问题的工具，而是运用哲学来解决人类问题的时候，哲学才可称其为'哲学'。"实用主义的博雅教育亦是如此——要用严谨的治学态度和探究精神形成的方法去解决当下的重大问题。

正如本章所提到的，杜威认为，没有一门学科在本质上属于博雅教育。强有力的探究包括两个层面：环境层面及概念层面，这使任何一门学科都是博雅教育的一部分。而且，杜威坚信，人文研究只有保持与社会的"兴趣和活动"之间的联系，才能蓬勃发展。大学不应该是修道院，而应该是实验室，能让学生通过探究，再加上移情、回忆和忠诚，养成行为习惯。

在我演讲的结尾部分，我讲的是"教唆/创新"，这一概念源于罗蒂"大学博雅教育应当'教唆'学生提出质疑，挑战当下普遍认同的理念"这一观点。我重点强调了不满足于现状的"嫌恶性思维"是当今博雅教育发挥作用的关键所在，它的表现是：教唆怀疑，反过来刺激创新。我们需要的不仅仅是研发出新的应用软件，更需要研究出解决基本经济问题、生态问题和社会问题的新对策。只有我们发挥创新能力，挑战当下普遍认同的理念，才有可能解决那些会威胁到未来的因素。

听众们的回应十分热烈，着实让我大吃一惊。我本以为在北京大学讲什么"挑战当下普遍认同的理念"的这种讲座会备受奚落。没想到，正好相反，到场师生都指望能从中西方传统中生成嫌恶性思维方式，希望这种思维方式能让他们更好地应对社会所面临的严峻挑战。我回美国以后，收到一封来自内蒙古大学75名英语专业学生的联名邮件，他们很严肃地提醒我：博雅教育在中国已有几百年的历史，"从来都不是孤立的或不食人间烟火的理论，从来都不仅仅是抽象的或精神的修为，一直把提高学生修养、提升民族整体素质、引导民族发展方向作为基本任务或目的。"我在中国认识了一群新同事，他们对中国充满信心，相信中国会建立起一个不断发展的新的教育体制，不会一味强调把学生纳入到当下的职业岗位，会更注重通过多种方式培养"全人"：解放学生的能力，让他们自己找到属于自己的路，同时为世界发展贡献力量。在我看来，要实现这个发展目标，前提是要有言论自由、探究自由。问题是：这种教育体制何时才能蓬勃发展起来呢？

我在中国的经历让我更加相信，博雅教育所激发的深度探究会让不同的社会团体更多地克服对他人以及对所面临的问题的盲目性。实用主义的博雅教育能否煽动起富有技术性和同情心的策略来应对最紧迫的挑战？这次短暂的旅程让我明白了一点：要相信博雅教育能做到这一点，这可不仅仅是一个"因为热忱而犯下的错误"。

对高等教育中的博雅教育而言，其使命应该是教会学

生解放自我、赋予生机、协同合作和教唆/创新。学生在大
胆质疑、发挥想象力和努力工作的过程中会逐渐明白：他
们的确能够重塑自我，改造社会。博雅教育很重要，因为
这种教育挑战强势的顺从性，有望与我们的职场生活、个
人生活及政治生活联系起来。这种联系不仅仅是找到第一
份工作，而是表现在一个人的整个职业生涯中。这种自我
反省的实用主义教育包含自由探究和自由实验，有助于我
们独立思考，为自己的信念和行为负责，更好地了解自己
的渴求和希望。博雅教育的重要性远远超出大学校园之外，
因为它让我们更好地理解这个世界，为这个世界做贡献，
并重塑自我。博雅教育一旦初见成效，便会永久存在。

索 引

附　录

中外文对照表（按拼音顺序）

文中提及的主要人名

阿多尔诺	Adorno
安东尼·卡内瓦莱	Anthony Carnevale
艾伦·布卢姆	Alan Bloom
埃兹拉·康奈尔	Ezra Cornell
艾玛·威拉德	Emma Willard
安德鲁·德尔班科	Andrew Delbanco
本杰明·富兰克林	Benjamin Franklin
本杰明·拉什	Benjamin Rush
彼得·蒂尔	Peter Thiel
彼得·伍德	Peter Wood
布克·华盛顿	Booker T. Washington
查尔斯·艾略特	Charles Eliot
查尔斯·比尔德	Charles Beard
查尔斯·雷诺维叶	Charles Renouvier
查尔斯·莫里	Charles　Murray
查尔斯·威廉·艾略特	Charles William Eliot
戴维·波茨	David Potts
戴维·里夫	David Rieff
戴维·沃克	David Walker

续表

丹尼尔·吉尔曼	Daniel Gilman
弗雷德里克·道格拉斯	Frederick Douglass
哈罗德·布卢姆	Harold Bloom
赫希	E. D. Hirsch
亨利·斯蒂尔·柯梅杰	Henry Steele Commager
霍克海默	Horkheimer
简·亚当斯	Jane Addams
杰里米·边沁	Jeremy Bentham
杰米·P. 米拉索提斯	Jamie P. Merisotis
卡米尔·佩格利亚	Camille Paglia
卡诺坎	W. B. Carnochan
克龙彭伯格	Kloppenberg
奎因	W. V. Quine
拉尔夫·沃尔多·爱默生	Ralph Waldo Emerson
拉瑟福德·伯查德·海斯	Rutherford B. Hayes
勒内·笛卡尔	Rene Descartes
理查德·罗蒂	Richard Rorty
理查德·维德	Richard Vedder
理查德·霍夫施塔特	Richard Hofstadter
列奥·施特劳斯	Leo Strauss
路德维·维特根斯坦	Ludwig Wittgenstein
路易斯·梅南	Louis Menand
路易斯·明克	Louis Mink
罗伯特·恩尼斯	Robert H. Ennis
罗伯特·盖格	Robert Geiger
罗伯特·路易斯·史蒂文森	Robert Louis Stevenson
马克斯·韦伯	Max Weber
玛丽·比尔德	Mary Beard
玛莎·凯丽·托马斯	M. Carey Thomas
玛莎·努斯鲍姆	Martha Nussbaum
迈克·尼科尔斯	Mike Nichols
默尔·科蒂	Merl Curti
诺亚·韦伯斯特	Noah Webster
乔赛亚·罗伊斯	Josiah Royce
乔治·桑塔耶拿	George Santayana

乔治·蒂克纳	George Ticknor
让·雅克·卢梭	Jean-Jacques Rousseau
瑞斯曼	Reisman
唐纳德·戴维森	Donald Davidson
塞缪尔·阿姆斯特朗	Samuel Armstrong
托马斯·杰斐逊	Thomas Jefferson
托马斯·德·昆西	Thomas De Quincey
约翰·杜威※	John Dewey
约翰·洛克	John Locke
约翰·亨利·纽曼	John Henry Newman
约西亚·昆西	Josiah Quincy
威尔弗雷德·塞拉斯	Wilfred Sellars
维克多·法瑞尔	Victor Ferrall
威廉·瑞尼·哈伯	William Rainey Harper
威廉·詹姆斯	William James
威廉·爱德华·伯格哈特·杜波依斯	W. E. B. Du Bois
威廉·冯·洪堡	Wilhelm von Humboldt
西奥多·罗斯福	Theodore Roosevelt
西拉斯·威尔·米切尔	S. Weir Mitchell
詹姆斯·布赖恩特·科南特	James Bryant Conant
詹姆斯·麦克考什	James McCosh
詹克斯	Jencks
朱迪斯·巴特勒	Judith Butler

文中提及的主要美国大学

阿默斯特学院	Amherst College
鲍登学院	Bowdoin College
宾夕法尼亚大学	University of Pennsylvania
布林茅尔学院	Bryn Mawr College
布鲁克林学院	Brooklyn College
费斯克大学	Fisk Univeristy
弗吉尼亚大学	University of Virginia
哥伦比亚大学	Columbia University

续表

哈佛大学	Harvard University
汉普顿学院	Hampton Institute
加利福尼亚艺术学院	California Institute of the Arts
康乃尔大学	Cornell University
克莱蒙研究大学	Claremont Graduate University
麻省理工学院	The Massachusetts Institute of Technology
密执安大学	University of Michigan
纽约市立大学	College of the City of New York
普林斯顿大学	Princeton University
乔治敦大学	Georgetown University
斯克里普斯学院	Scripps College
斯坦福大学	Stanford University
圣约翰大学	St. John's University
史密斯学院	Smith College
塔斯吉基学院	Tuskegee Institute
瓦萨学院	Vassar College
韦尔斯利学院	Wellesley College
威廉姆斯学院	Williams College
威廉玛丽学院	College of William & Mary
卫斯理安大学	Wesleyan University
耶鲁大学	Yale University
约翰斯·霍普金斯大学	The Johns Hopkins University
芝加哥大学	University of Chicago

书中提及的重要机构

卢米纳基金会	Lumina Foundation
美国学院及大学协会	American Association of Colleges and Universities，AAC&U
蒂尔基金会	Thiel Foundation
批判性思维基金会	Foundation for Critical Thinking

Work Cited

1. Michael Roth, "Beyond Critical Thinking," in *Memory, Trauma and History: Essays on Living with the Past* (New York: Columbia University Press, 2011).

2. Thomas Jefferson to George Wythe, 1786, in *The Writings of Tomas Jefferson*, ed. Andrew Lipscomb and Albert Bergh (Washington, C.: 1903–1904).

3. Ralph Waldo Emerson, "The American Scholar," in *The Essential Writings of Ralph Waldo Emerson* (New York: Modern Library, 2000).

4. John Dewey, *Democracy and Education: An Introduction to the Philosophy of Education* (New York: Macmillan, 1916).

5. Richard Rorty, "Education as Socialization and as Individualization," in *Philosophy and Social Hope* (New York: Penguin, 1999).

6. Richard D. Brown, "Bulwark of Revolutionary Liberty: Thomas Jefferson's and John Adams's Programs for an Informed Citizenry,"

in *Thomas Jefferson and the Education of a Citizen*, ed. James Gilreath Washington, D. C.: Library of Congress, 1999).

7. Douglas L. Wilson, "Jefferson and Literacy," in *Thomas Jefferson and the Education of a Citizen*, ed. James Gilreath Washington (D. C.: Library of Congress, 1999).

8. Lorraine Smith Pangle and Thomas L. Pangle, *The Learning of Liberty*: *The Educational Ideas of the American Founders* (Lawrence: University of Kansas Press, 1993).

9. Gordon Lee, "Learning and Liberty: The Jeffersonian Tradition," in *Crusade against Ignorance*: *Thomas Jefferson on Education*, ed. Gordon Lee (New York: Teachers College Press, 1961).

10. Gordon Lee, "Learning and Liberty: The Jeffersonian Tradition," in *Crusade against Ignorance*: *Thomas Jefferson on Education*, ed. Gordon Lee (New York: Teachers College Press, 1961).

11. Jennings L. Wagoner Jr., " 'That Knowledge Most Useful to Us': Thomas Jefferson's Concept of Utility in the Education of Republican Citizens," in *Thomas Jefferson and the Education of a Citizen*, ed. James Gilreath Washington, D. C.: Library of Congress, 1999).

12. C. Vann Woodward, "The Old and New Worlds: Summary and Comment," in *Thomas Jefferson and the Education of a Citizen*, ed. James Gilreath Washington (D. C.: Library of Congress, 1999).

13. Thomas Jefferson, Notes on the State of Virginia, query 18, http: //xroacls. vii. ginia. edu/~ hyper/jefferson/chl8. html (ac-

cessed July 2013).

14. Howard Zinn and Anthony Arnove. *Voices of a People's History of the United States* (New York: Seven Stories, 2004).

15. Frederick Douglass, *Narrative of the Life of Frederick Douglass*, chap. 6. http://classiclit. about. com/library/bletexts/douglass/doug-narrative. html (accessed June 2013).

16. Ralph Waldo Emerson, *Selected Writings of Emerson*, ed. Donald McQuade (New York: Modern Library, 1981).

17. Harold Bloom, "The Sage of Concord," *Guardian*, May 24, 2003, http://www. theguai. clian. com/books/2003/may/24/philosophy (accessed July 2013).

18. Kenneth S. Sacks, *Understanding Emerson: "The American Scholar" and His Struggle for Self-Reliance* (Princeton: Princeton University Press, 2003).

19. Ralph Waldo Emerson, "Self-Reliance," *in Selected Writings of Emerson*, ed. Donald McQuade (New York: Modern Library, 1981).

20. W. E. B. Du Bois. The Souls of Black Folk (New York: Tribeca Books, 2013).

21. Louis Menand, *The Marketplace of Ideas: Reform and Resistance in the American University* (New York: Norton, 2010).

22. W. E. B. DuBois, *The Education of Black People: Ten Critiques*, 1906–1960, ed. Herbert Aptheker (Amherst: University of Massachusetts Press, 1973).

23. Jean Bethke Elshtain, "A Return to Hull – House: Taking the Measure of an Extraordinary Life," in *The Jane Addams Reader*, ed. Jean Bethke Elshtain (New York: Basic, 2002).

24. Victoria Bissell Brown, *The Education of Jane Addams* (Philadelphia: University of Pennsylvania Press, 2004).

25. Louise W. Knight, *Jane Addams: Spirit in Action* (New York: Norton, 2010).

26. Louis Menand, *The Metaphysical Club* (New York: Farrar, Straus and Giroux, 2001).

27. *The Writings of William James: A Comprehensive Edition*, ed. John J. McDermott (Chicago: University of Chicago Press, 1977).

28. Alan Houston, *Benjamin Franklin and the Politics of Improvement* (New Haven: Yale University Press, 2010).

29. Lorraine Smith Pangle, *Political Philosophy of Benjamin Franklin* (Baltimore: Johns Hopkins University Press, 2007).

30. John Henry Newman, *The Idea of a University* (New Haven: Yale University Press, 1996).

31. David Potts, *Liberal Education for a Land of Colleges: Yale's Reports of* 1828 (New York: Palgrave Macmillan, 2010).

32. *Life, Letters and Journals of George Ticknor*, ed. George Stillman Hillard (London: Sampson Low, Marston, Searle and Rivington, 1876).

33. Julie Reuben, *The Making of the Modern University: Intel-*

lectual Transformation and the Marginalization of Morality (Chicago: University of Chicago Press, 1996).

34. Barbara Miller Solomon, *In the Company of Educated Women*: *A History of Women and Higher Education in America* (New Haven: Yale University Press, 1985).

35. Alan Bloom, *The Closing of the American Mind* (New York: Simon and Schuster, 1987).

36. Andrew Delbanco, *College*: *What It Was, Is and Should Be* (Princeton: Princeton University Press, 2012).

37. Victor E. Ferrall Jr., *Liberal Arts at the Brink* (Cambridge, Mass.: Harvard University Press, 2011).

38. *The Philosophy of John* Dewy, ed. John J. McDermott (Chicago: University of Chicago Press, 1973).

39. Martha Nussbaum, *Not for Profit*: *Why Democracy Needs the Humanities* (Princeton: Princeton University Press, 2010).

后　记

在美国历史上，博雅教育一直是颇有争议的话题，本书颇有说服力地对博雅教育进行了辩护。

如今，博雅教育处于被围状态。虽然有些人面对网上教学，拼命坚持文科教育传统，但也有些人认为这些传统并不能帮学生为 21 世纪的高科技工作做好准备。美国卫斯理安大学迈克尔·罗斯校长认为，就其本质而言，这场辩论和美国的历史一样悠久。一些人认为高等教育没什么相关性，存在精英主义倾向，因此常常呼吁要加强职业指导；这种看法遭到其他一些高等教育批评家的抨击，其中包括早有本杰明·富兰克林等人，今有互联网专家。相比之下，托马斯·杰斐逊认为，广泛培养学生终身学习的能力不仅对民主至关重要，而且对科学和商业也很重要。纵观美国历史，这些思想一直彼此冲突。W. E. B. 杜波伊斯为了给已获自由身份的奴隶倡导人本主义教学理念，这种理念一直得以发展，而与之相对的是布克·华盛顿的实用主义教育。简·亚当斯注重培养同理心，约翰·杜威提出教育就是公民参与活动，但是，对于他俩的观点，有些人并不认同，因为这些人认为应该让学生得到培训，从而为具体的经济工作做好准备。罗斯认为，在漫长而充满争论的美国博雅教育的辩论历史中，这些声音都很重要。

　　罗斯认为，博雅教育当下对我们十分重要，因为它能提高我们迈出大学校门之后理解和重塑世界的能力。要求用高职教育代替博雅教育的呼声，其实是在要求一致性——这一点在美国历史上通常都是如此。如果现在我们响应这些号召，只会使我们的经济、政治和文化生活日趋枯竭。关于这场日渐激烈的教育大辩论的情况，罗斯在这个专著中做了简洁明了的交代，其中涉及的思想家远有托马斯·杰斐逊，近有理查德·罗蒂；通过回顾他们的思想，《超越大学》一书表示：自从美国建国以来，广博而自我批判的实用主义教育——博雅教育——一直都致力于培养民众的个人自由，弘扬公民美德，灌输对未来的希望。